Topos Taschenbücher
Band 182

W0034992

Johann Hoffmann-Herreros

Charles de Foucauld –
Der Zukunft
auf der Spur

Topos Taschenbücher

CIP-Titelaufnahme der Deutschen Bibliothek

Hoffmann-Herreros, Johann:
Charles de Foucauld – der Zukunft auf der Spur / Johann Hoffmann-
Herreros. – 1. Aufl. – Mainz: Matthias-Grünewald-Verl., 1988
  (Topos-Taschenbücher; Bd. 182)
  ISBN 3-7867-1379-0
NE: GT

Foto Umschlag: Charles de Foucauld in Beni-Abbès
Gesamtherstellung : Clausen & Bosse, Leck

Inhalt

Vorwort

Diese kurze Lebensgeschichte kann und will nicht annähernd erschöpfend berichten und erklären, sondern Interesse wecken für einen Mann, der Ende des vorigen, Anfang des 20. Jahrhunderts zunächst ein lebenslustiger Offizier, dann Forschungsreisender war und schließlich, über Klöster in Frankreich und im Vorderen Orient, den Weg in die Einsamkeit der Sahara fand. Was auf den ersten Blick wie ein Rückzug in eine stille Einsiedelei aussieht, erweist sich bei näherem Hinsehen als ein weiter Blick und Schritt in die Zukunft: Der Einsiedler von Tamanrasset verhilft Afrikanern zum Gewahrwerden ihrer afrikanischen Identität, er kritisiert die Kolonialpolitik Frankreichs und anderer europäischer Großmächte, er stellt dem Zug zum immer Größeren, Mächtigeren, Reicheren sein *„Klein! Noch kleiner!"* entgegen.

Noch in anderen Punkten ist Charles de Foucauld seiner Zeit voraus: Er erkennt die Bedeutung der Laien in der Kirche, schlägt Brücken zu anderen Religionen. Und er entwickelt eine neue Form des Apostolats ohne Bekehrungsdruck, sondern im Überzeugen durch stille Anwesenheit unter den Armen, Zukurzgekommenen – unauffällig wie Jesus von Nazaret. Die Geistliche Familie, die sich erst nach seinem Tod in mehreren Zweigen bildet, trägt seinen Geist auch in unsere Zeit: solidarisch mit den Ärmsten, mitten in der Welt, ohne von dieser Welt aufgesogen zu werden, denn die Mitglieder der Geistlichen Familie von Charles de Foucauld geben dem stillen Gebet und der Betrachtung großen Raum.

Ein Anhang stellt diese Geistliche Familie, auch in Lebensbeschreibungen einiger Schwestern, vor und gibt so einen Einblick in das Erbe Charles de Foucaulds.

Jeder Mensch reagiert und agiert in einem bestimmten sozialen, politischen, wirtschaftlichen und kulturellen Umfeld. Er wird von ihm beeinflußt; umgekehrt kann er dieses Umfeld bis zu einem gewissen Grad mit beeinflussen. Wenn wir also einen Menschen auch nur annähernd zutreffend verstehen und darstellen wollen, müssen wir dieses Umfeld immer mit im Auge haben. Aus diesem Grund habe ich die eigentliche Lebensgeschichte Charles de Foucaulds durch *Stichworte* ergänzt, in denen notwendiges Hintergrundwissen vermittelt wird. Ich habe bewußt darauf verzichtet, dieses Hintergrundwissen aus den Äußerungen Charles de Foucaulds herauszufiltern, denn der einzelne Mensch entdeckt an dem, was ihn umgibt, aufgrund seiner ganz bestimmten Persönlichkeitsstruktur nur das, was er entdecken kann und will. So sind diese Stichworte quasi neutrale Hinweise auf wesentliche Kräfte und Tendenzen seiner Zeit. Wie Charles de Foucauld sie sah, soweit er sie überhaupt sah und soweit sie ihn überhaupt interessierten, kommt in seiner Lebensgeschichte zur Sprache.

Johann Hoffmann-Herreros

Schwerer Anfang

Stichwort: Schule

In seiner Erzählung Kind mit Locken *berichtet der französische Schriftsteller François Mauriac über den Schulalltag französischer Internatsschüler im letzten Viertel des vorigen Jahrhunderts.*

Der Schulhof ist von einer hohen Mauer umgeben. Eine magere Platane ist das einzige Stück Natur. Am Vorabend des Weihnachtsfests müssen die siebenjährigen Jungen einen 15 km langen „Spaziergang" durch Schlamm und Nebel machen. Unter ihnen ist ein Junge mit Locken. Die anderen nennen ihn deshalb verächtlich „das Mädchen". Sie lachen darüber, daß er noch ans Christkind glaubt, und wollen ihn in einer Ecke des Schulhofs verprügeln. Ein Lehrer jagt die Meute auseinander. Der Junge mit den Locken bleibt in der folgenden Christnacht auf. Er will herausfinden, wer die Geschenke bringt: das Christkind, wie die Mutter behauptet, oder die Mutter selbst. Es ist natürlich die Mutter. Der Junge ist enttäuscht und verstört. Er will sich nicht mehr länger von der Mutter im Kinderland zurückhalten lassen. Die Locken werden abgeschnitten, er wird zynisch, kommt auf die schiefe Bahn und stirbt in Saigon.

Die gutgemeinten frommen Lügen der Mutter stoßen ihn ab. An wen soll er sich mit seinen Problemen wenden? Die Lehrer beschränken sich darauf, Ordnung zu halten und konzentriert zu unterrichten. Kein Eingehen auf die Jungen und ihren häuslichen Hintergrund. Keine Stellungnahme zu weltanschaulichen Fragen, keine Werturteile, keine geistigen Wegemarken und somit auch keine klärenden Gespräche oder Diskussionen mit den Jungen, die nach Orientierungspunkten suchen. So sind die Jugendlichen mit ihren Fragen und Schwierigkeiten weitgehend alleingelassen.

*Warum sind die meisten Lehrer so kühl, neutral und un-
verbindlich? Sie sind besonders verunsichert durch die Ver-
änderungen des geistigen und seelischen Klimas in der
zweiten Hälfte des 19. Jahrhunderts. Traditionelle religiöse Vorstellungen werden zunehmend vom Positivismus
und vom Materialismus abgelöst.*

*Den Positivismus hat vor allem Auguste Comte
(1798–1857) nachdrücklich vertreten. Nach ihm durch-
läuft die Menschheit in ihrer geistigen Entwicklung drei
Stadien: das erste theologische Stadium: Jenseitige, gleichsam persönliche Mächte und Kräfte bestimmen das Men-
schenleben, das zweite metaphysische Stadium: Ursachen
und Zwecke allen menschlichen Tuns und Denkens liegen
jenseits der Erfahrungswelt. Inzwischen ist nach Comtes
Auffassung die Menschheit in das dritte, das sogenannte
positive Stadium eingetreten: Der Mensch muß sich darauf
konzentrieren, das Gegebene, d. h. das mit den Sinnen Er-
faßbare, zu beobachten und zu erforschen, um es auf diese
Weise zu beherrschen. Die wichtigste Wissenschaft ist jetzt
die Soziologie, welche die Aufgabe hat, die Entwicklungs-
gesetze der menschlchen Gesellschaft herauszufinden. Im
jetzigen positiven Stadium ist von Gott und Jenseits keine
Rede mehr.*

*Etwa zur selben Zeit betonen Ludwig Feuerbach
(1804–1872) und Karl Marx (1818–1883), der Begründer
des historischen Materialismus, es gebe keinen jenseitigen
Gott: Was der Mensch als Gott bezeichnet, ist nur eine
Phantasiegestalt, in der er, in einer Art von Wunschdenken,
all das zusammenfaßt, was er für begehrenswert hält, was
ihm aber auf dieser Erde vorenthalten wird. Daraus zogen
viele Zeitgenossen mindestens zwei Schlüsse: Wenn es keine
vom Menschen unabhängige göttliche Instanz gibt, dann
bestimmt der Mensch sich selber, und wenn es keine objekti-
ven Wertmaßstäbe gibt, dann entscheidet jeweils der einzelne Mensch, was gut und böse, was richtig und was falsch
ist. Nichts ist absolut und unbezweifelbar, sondern alles ist
relativ. Es kommt auf den jeweiligen Standpunkt an.*

Der zweite Schluß ist dieser: Wenn es keine jenseitigen

Mächte und Ursachen gibt, dann gibt es auch kein jenseitiges Leben, und wenn es kein jenseitiges Leben gibt, dann muß der Mensch sich selbst so etwas wie den Himmel auf Erden schaffen.

Diese beiden Elemente, der Relativismus und der Materialismus, spiegeln sich auch in der Kunst der damaligen Zeit, vor allem im Impressionismus, wider. Für den impressionistischen Maler Claude Monet (1840–1926) gibt es beispielsweise nicht die Kathedrale von Rouen, sondern viele Kathedralen von Rouen, je nach dem Eindruck, den diese Kirche zu den verschiedenen Jahres- und Tageszeiten auf den Betrachter macht. So malt Monet eine ganze Reihe Ansichten der Vorderfront dieser Kathedrale, bei Nebel, bei Sonnenschein, bei Dunst, im Sommer und im Winter. Je nachdem, wie das Licht fällt oder wie hoch die Luftfeuchtigkeit ist, ob es gerade regnet oder schneit: Jedesmal hat die Kathedrale ein anderes Gesicht. In gleicher Weise malt Monet eine Reihe, deren Objekt ein Heuhaufen ist. Wieder wird deutlich, daß es den Heuhaufen nicht gibt, sondern daß man jeweils einen anderen Eindruck von ihm hat. Der Eindruck, die Impression, tritt an die Stelle des absoluten Gegenstands. Das Bild, das ich von etwas habe, ist immer relativ.

Materialistisch ist die Malweise der Impressionisten insofern, als sie im wesentlichen Oberflächenreize wiedergeben, beispielsweise einen Schatten, der ein Blau verdunkelt, oder Feuchtigkeit, die ein Grün eintrübt. Materialistisch eingestellt und „oberflächlich" sind in einem gewissen Sinn auch viele der dargestellten Personen. Sie scheinen dem Augenblick hingegeben, vor allem dem Augenblick des Genusses und der Entspannung. Sie tanzen, schaukeln, reiten, segeln, essen und trinken, so als hätten sie das Gefühl, sie müßten vom Leben soviel mitnehmen, wie man nur kann, weil es ihrer Meinung nach kein anderes Leben gibt als dieses. Nicht daß die Gesichter dieser Menschen flach oder leer wären oder auch gierig, aber in der Mehrzahl scheinen sie nicht über die Ränder der irdischen Existenz hinauszuschauen.

Es ist natürlich nicht so, daß sich damals jeder geistig Inter-
essierte ganz bewußt mit diesen Gedanken und Bildvor-
stellungen auseinandergesetzt hätte. Aber der neue Geist
lag gleichsam in der Luft, auch in den Schulen.

Charles de Foucauld wird am 15. September 1858 in Straßburg geboren. Der Vater ist Unterinspektor im Forstwesen, die Mutter Tochter eines pensionierten Obersten der
Artillerie. Die Foucaulds haben sich im Lauf der Jahrhun-
derte einen Namen gemacht. Sie stifteten Klöster; einer
von ihnen war auf einem Kreuzzug mit dabei und fiel im
Kampf; ein anderes Familienmitglied war Vertrauter des
Königs Heinrich IV. Ein Foucauld wird Erzbischof von
Arles. Er stellt sich gegen die Revolution von 1789 und
wird 1792 zusammen mit seinem Generalvikar und Vetter
umgebracht. Im 19. Jahrhundert findet man die Foucaulds
in Elsaß-Lothringen. Sie widmen sich dem Gewässer- und
Forstwesen. Die Foucaulds haben sich also stets, wie man
zu sagen pflegt, um den Staat und die Erhaltung des Glaubens verdient gemacht.
Die Familie de Morlet, aus der Charles' Mutter kommt, ist
ebenfalls dem Staat eng verbunden, und zwar im militärischen Bereich. Ein Morlet bekommt auf Grund seiner
Verdienste von Napoleon I. den erblichen Titel eines Che-
valier.
Es ist klar, daß Charles de Foucauld von diesen Familien-
traditionen beeinflußt wird. Schon früh fallen Schatten auf
die Kindertage von Charles und seiner Schwester Marie,
die am 13. August 1861 geboren wird. Der Vater leidet an
Tuberkulose und bittet um Entlassung aus dem Dienst. Zu
der Zeit ist der Tuberkelbazillus noch nicht entdeckt, und
es gibt so gut wie keine Hoffnung auf Heilung. Monsieur
de Foucauld will vermeiden, daß seine schwangere Frau
und seine Kinder sich anstecken, deshalb zieht er zu seiner
Schwester Inès in die Rue d'Anjou in Paris. Inès geht es
sehr gut. Sie ist mit dem reichen Tabakimporteur Moitis-
sier verheiratet. Foucaulds junge Frau wird mit dem Aus-

zug ihres Mannes innerlich nicht fertig. Sie zieht mit ihren beiden Kindern nach Straßburg in das Haus ihres Vaters, der ein zweites Mal geheiratet hat. Ihr Gesundheitszustand verschlechtert sich. Charles und Marie erleben, wie der Arzt immer häufiger ins Haus kommt, wie mit ihm in einer Zimmerecke leise gesprochen wird und wie er mit ernstem Gesicht das Haus verläßt. Sie spüren, wie die Krankenwachen am Bett ihrer Mutter immer länger werden. Am 13. März 1864 stirbt sie, erst 35 Jahre alt, nach einer Fehlgeburt. Ihre letzten Worte sind: „Mein Gott, dein Wille geschehe, nicht meiner." Sie hat ihre Kinder beten gelehrt, hat mit ihnen Blumen in die Kirche gebracht und eine Weihnachtskrippe aufgestellt und hat sie auch zum Almosengeben angehalten. Daran wird sich Charles später erinnern. Diese Eindrücke sind so etwas wie ein Pfahl, um den er das Rettungsseil schlingt, wenn er das Gefühl hat, er drifte ins Ufer- und Bodenlose ab.

Es gibt Bilder des jungen Charles. Eins zeigt den Dreijährigen, hübsch, gepflegt, mit großen, erwartungsvollen Augen und einem verhältnismäßig kleinen Mund. Ein Photo, das drei Jahre später gemacht wurde, zeigt einen ernsten, kritisch, ja mißtrauisch dreinblickenden Jungen mit heruntergezogenen Augenbrauen. Der kleine Mund ist leicht aufgeworfen, das Haar glatt gekämmt. Er scheint auf Distanz zu gehen. Man hat das Gefühl: Er wird es sich und anderen nicht eben leicht machen.

Der Großvater, schon 66 Jahre alt, kümmert sich rührend um seine beiden Enkelkinder. Charles erinnert ihn besonders stark an seine tote Tochter. Schon fünf Monate nach dem Tod der Mutter, am 9. August 1864, trifft die Kinder ein weiterer, schwerer Schlag. Aus Paris kommt die Nachricht, daß ihr Vater gestorben ist. Er ist nur 44 Jahre alt geworden. Natürlich sind die Geschwister durch den Tod der Eltern tief und nachhaltig verstört.

Mit acht Jahren kommt Charles auf die Diözesanschule Saint-Arbogast in Straßburg. Die Schule muß schließen, und so wechselt Charles aufs Gymnasium über. Alle Lehrer bescheinigen dem Jungen Intelligenz und Fleiß. In anderen Punkten sind sie sich nicht einig. Der eine sagt, Charles sei „lebhaft", ein anderer findet ihn „lässig". Später, im Rückblick, werden sie sagen, er habe damals noch wenig von dem gezeigt, was ihn später so außerordentlich gemacht hat. Seine Cousine Marie, Tochter von Inès de Moitessier, erinnert sich später an Charles' Verträumtheit. Lärm habe er nicht gemocht, und im Gymnasium habe er oft vor lauter Krach kaum ein Wort verstehen können. Er ist gern allein. Der frühe Tod der Eltern hat ihn empfindlich, ja reizbar gemacht. Wer ihn in seinem Alleinsein stört oder ihn gar hänseln möchte, muß damit rechnen, daß er eine heftige Abfuhr bekommt. Charles kompensiert seine seelische Dünnhäutigkeit mit aggressivem Verhalten.

Die Familie Moitessier lädt Charles häufig zu sich ein. Tante Inès ist spätestens seit dem Zeitpunkt eine stadtbekannte Dame, an dem der große Maler Jean Auguste Dominique Ingres (1780–1867) sie gemalt hat. Sie ist schön. Sie will, daß alle nach ihrer Pfeife tanzen. Charles weiß nicht, was er von ihr halten soll. Sie beeindruckt ihn irgendwie, doch er liebt sie nicht. Aber da ist ja nicht nur die schöne, eigenwillige Tante. Da ist auch noch der Onkel, der dem Jungen vor dem Einschlafen haarsträubende Geschichten erzählt. Da ist von Wesen die Rede, die Schwarze bei lebendigem Leib fressen, und von Kämpfen, in denen ein Regenschirm die einzige Verteidigungswaffe ist. Am sympathischsten findet Charles die beiden Töchter der Moitessiers, Cathérine, die mit einem jungen Diplomaten verheiratet ist, und Marie, die jüngere, so um die 20, die ihn mag und die auch er besonders mag. Marie hat immer Zeit für ihn. Dafür ist er sehr dankbar, denn seine eigene Schwester ist, so findet er, noch zu jung für ein vernünftiges Gespräch, und der verständnisvolle Großvater, Oberst a. D. de Morlet, ist in Straßburg. Hinzu kommt noch die wunderbare Umgebung, in der Charles die Ferien mit den Moitessiers verbringen kann. Schloß Louÿe, nicht weit von Évreux, erscheint ihm wie ein Paradies, und er ist immer wieder glücklich, wenn er hier so richtig Ferien machen kann. Mit jedem Jahr spürt er deutlicher, daß seine Cousine Marie ihm so etwas wie eine mütterliche Freundin ist, die ihm in jeder Lebenslage helfen wird, ohne ihn zu drängen und zu kommandieren. Er begleitet sie zur Messe in der kleinen Dorfkirche. Dabei sieht er die Statue des Heiligsten Herzens Jesu, die die reichen Moitissiers der Pfarrgemeinde geschenkt haben. Aufmerksamen Beobachtern ist aufgefallen, daß die Herz-Jesu-Statue über dem Altar in Tamanrasset, wo Charles de Foucauld Ende 1916 ermordet wird, eine Kopie der Statue ist, die er in der kleinen Dorfkirche gesehen hat. Als Charles 12 Jahre alt ist, greift die Politik einschneidend in das Leben der Franzosen ein.

Seit 1867 geht Otto von Bismarck daran, die einzelnen deutschen Staaten unter der Führung Preußens zu einem einzigen deutschen Reich zu vereinigen, an dessen Spitze ein (preußischer) Kaiser stehen soll. Ein Schritt auf dem Weg dahin wäre eine kriegerische Auseinandersetzung mit Frankreich. Bismarck gelingt es, Napoleon III. in diesen Krieg hineinzumanövrieren. Am 19. Juli 1870 erklärt Frankreich den gewünschten Krieg. Am 28. September 1870 erobern die Deutschen Straßburg, am 27. Oktober 1870 kapituliert die Festung Metz, am 28. Januar 1871 fällt Paris. Die Franzosen wehren sich mit allen Kräften. Doch schon am 18. Januar 1871 wird im Spiegelsaal zu Versailles das Deutsche Reich proklamiert. Der deutsche Kaiser erklärt: „Uns aber und unseren Nachfolgern wolle Gott verleihen, allezeit Mehrer des Deutschen Reiches zu sein, nicht an siegreichen Eroberungen, sondern an den Gütern und Gaben des Friedens auf dem Gebiet nationaler Wohlfahrt, Freiheit und Gesittung." Die Franzosen hören diese Worte, aber sie schenken ihnen keinen Glauben. Die Niederlage bringt ihnen zudem noch einen kurzen, aber blutigen Bürgerkrieg ein. Was es bis dahin, von einzelnen Gruppen abgesehen, nicht gegeben hat, kommt jetzt hoch: die Formel von der Erbfeindschaft zwischen Frankreich und Deutschland. Diese vermeintliche Erbfeindschaft verwickelt die beiden Länder in zwei weitere furchtbare Kriege, bis dann nach 1945 die Verständigung bis hin zu freundschaftlichen Beziehungen eingeleitet wird.

Als die deutschen Truppen im Sommer 1870 näherrücken, verläßt Oberst a. D. de Morlet mit seiner Frau und den beiden Enkelkindern Straßburg so schnell er kann. Nach einem kurzen Aufenthalt in Rennes gehen sie in die Schweiz, um dort das Kriegsende abzuwarten. Die Zeitungen melden eine Unglücksnachricht nach der anderen. Vor allem die Niederlage der Franzosen bei Sedan lastet schwer auf den Gemütern. Dazu kommen Hunger und blutige Kämpfe zwischen Franzosen unterschiedlicher politischer Lager in Paris. Charles liest im Gesicht seines Großvaters, wie schlimm es um Frankreich steht. Nach Kriegsende verläßt de Morlet die Schweiz, kehrt aber nicht mehr nach Straßburg zurück, da Elsaß-Lothringn inzwischen an Deutschland angeschlossen worden ist. Oberst de Morlet möchte nicht deutscher Staatsangehöriger werden und läßt sich in Nancy nieder. Als sie dort ankommen, sind die deutschen Besatzer noch immer da. Charles erlebt, wie die Deutschen im Marschschritt über die Place Stanislas paradieren. Er ist wie alle anderen französischen Zuschauer bedrückt. Diese Paraden der Deutschen, die Nancy noch ein ganzes Jahr besetzt halten, werden noch lange in seiner Erinnerung haftenbleiben. Diese Schande darf Frankreich nicht auf sich sitzen lassen, denkt er wie unzählige andere Franzosen auch.

Ab 1. Oktober 1871 setzt Charles am Gymnasium von Nancy seine Schulausbildung fort. Am 28. April 1872 geht er zum erstenmal zur Kommunion und wird gefirmt. Die Vorbereitung auf die erste Kommunion war lang und gründlich, und er findet die Feier schön. Seine geliebte Cousine Marie ist aus Paris nach Nancy gekommen, um mit dabei zu sein. Sie hat ihm ein religiöses Buch mitgebracht, Gedanken Bossuets über Geheimnisse des christlichen Glaubens. Aber noch ist für ihn nicht die Zeit gekommen, Bücher dieser Art zu lesen. Vielmehr interessiert er sich für Bücher, die vom Geist der Zeit geprägt sind. Man läßt den jetzt 14jährigen seine Lektüre selbst bestimmen. Er liest Montaigne, Voltaire, Mérimée, Regnier, Villon, l'Heptameron, Lucien, die Dramen Lope de Vegas – eine bunte Mischung, mehr angelesen als wirklich gelesen, mehr ein Schnuppern als tiefgehende Lektüre. Es wäre seltsam, wenn die Jungen damals nicht auch in skandalumwitterte Bücher, wie Gustave Flauberts Ehebruchsroman *Madame Bovary* (1857), hineingeschaut hätten. Wie Emma Bovary, eine lebenshungrige junge Frau in der Provinz, ihren Mann, einen ungeschickten Arzt, mit anderen betrügt und schließlich ruiniert und sich am Ende mit Arsen vergiftet – das ist allemal eine spannendere Lektüre als die langweiligen lateinischen und griechischen Klassiker und auch anregender als etwa Berichte über das Vatikanische Konzil (1869/70) oder über die Marienerscheinungen in Lourdes (1858).

Gern würde sich der junge Charles mit dem einen oder anderen seiner Lehrer über seine Lektüre unterhalten, zumal er sie für gute Lehrer hält, aber dazu sind sie nicht bereit. Entweder haben sie selber keinen festen Standpunkt, oder wenn sie einen haben, lassen sie dies keinen Schüler wissen. An wen soll sich Charles de Foucauld da wenden?

Der Großvater ist ein verständnisvoller Mann. Er hält sich an den überlieferten Glauben und denkt anscheinend, der genüge auch für seinen wißbegierigen Enkel. Bliebe seine Cousine Marie. Doch diese hat im Augenblick anderes zu tun als zu verhindern, daß ihr Vetter in Nancy den christlichen Glauben ganz verliert. Sie hat nämlich ein Verhältnis mit dem Vicomte Olivier de Bondy. Der Tag der Heirat, der 11. April 1874, ist für Charles de Foucauld ein fürchterlicher Schlag. Marie ist für ihn so etwas wie seine zweite Mutter, seine ältere Freundin gewesen. Jetzt wird sie ihre ganze Liebe und Aufmerksamkeit ihrem Mann widmen und bald darauf auch den Kindern, die sicher kommen werden. (Er weiß zu dieser Zeit noch nicht, daß sie ihm 27 Jahre lang, bis zu seinem Tod, regelmäßig schreiben wird.) Charles de Foucauld kommt sich verlassen vor. Die Heirat Maries verstärkt seine Schwierigkeiten mit dem überlieferten Glauben. Seine Zweifel an der Existenz Gottes und an einem unverrückbaren Wahrheitsgrund wachsen. Rückblickend wird er sagen, spätestens Ende 1874 habe er „seinen Glauben" verloren, was immer das bedeuten mag.

Am 12. August 1874 macht er in Nancy das „Abitur 1", wie wir das „premier baccalauréat" nennen könnten. Er möchte die militärische Laufbahn einschlagen. Gut, sagt der Großvater, und schlägt die Militärspezialschule vor, an der er selber ausgebildet wurde. Charles de Foucauld möchte dagegen zur Militärschule Saint-Cyr. Der Grund ist einfach: In Saint-Cyr wird weniger verlangt, und der junge Herr Charles denkt nicht daran, sich totzuarbeiten. Doch bedarf es dazu noch weiterer schulischer Vorbereitung, zumal er auch noch sehr jung ist. Im Oktober 1874 tritt er in die Internatsschule „Saint-Geneviève" (genannt „Ginette") der Jesuiten in der Rue des Postes in Paris ein. Der Internatsbetrieb gefällt dem jungen Charles überhaupt nicht. Man muß schon um halb fünf Uhr in aller Herrgottsfrühe aufstehen. Ausgang ist nur mittwochs; Weihnachten darf man nicht nach Hause fahren. Vieles ist verboten, und es muß schwer „gebüffelt" werden. Charles fügt sich zähneknirschend. Im August 1875 macht er das „Abitur 2" mit der Note sehr gut. Im Oktober geht er wieder in dasselbe Internat, um seine Schulausbildung fortzusetzen. Später wird er sagen, er sei zu der Zeit – er ist 17 Jahre – ausgesprochen egoistisch, eitel und unfromm gewesen, er habe das Böse gewollt und sei „völlig durcheinander" gewesen. Wir wissen nicht, ob und wieweit er in der Rückschau sein Verhalten damals übertreibt, sicher ist, daß er wegen „Faulheit" und „Verstößen gegen die Anstaltsdisziplin" von der Schule verwiesen wird. Er fährt nach Nancy zurück. Es tut ihm leid, daß er seinem Großvater Kummer bereitet, aber zu den Jesuiten will er um keinen Preis zurück. Der Großvater läßt ihn in Nancy von einem Privatlehrer, Herrn Dumont, unterrichten. Charles arbeitet hart mit dem ungeliebten Privatlehrer, und bei der schriftlichen Eingangsprüfung in Saint-Cyr im Juni 1876 wird er 82. von 412 zugelassenen Bewerbern. Am 25. Oktober 1876 verpflichtet er sich schriftlich, 5 Jahre lang „in Treue und Ehre" zu dienen. Zwei Tage später macht er sich auf den Weg zur Militärakademie. Er ist jetzt 18 Jahre alt.

Uniformierter Taugenichts

Stichwort: Biographie

Manches an den Schüben und Sprüngen im Leben von Charles de Foucauld wäre möglicherweise verständlicher, wenn wir mehr über seine frühe Kindheit wüßten, denn da ist sicher manches vorgeprägt und vorentschieden worden. Das wenige, was wir darüber wissen, wurde von Charles und seinen Verwandten und Bekannten sehr viel später formuliert und ist deshalb sicherlich gefärbt. Etliches davon ist im Rückblick ausgesucht und auf nachfolgende Entwicklungen und erreichte Lebensziele hin gedeutet. So wird manche rauhe Kante abgeschliffen, Widersprüchliches wird harmonisiert, oder es werden umgekehrt frühe Brüche und Schocks vergrößert dargestellt, um besser herauszustellen, wie er aus eigener Kraft und/oder mit der Hilfe Gottes über alle Widrigkeiten triumphiert hat. Diese rückblickende Stilisierung des eigenen Lebens ist uns beispielsweise von Augustinus und Teresa von Avila bekannt: Der Sünder wird zum Heiligen, und je fragwürdiger die Anfänge, desto gottgemäßer das Ende. Manches spricht dafür, daß auch Charles de Foucauld sein Leben rückblickend in diesem Licht gesehen hat.

Dies gilt ebenso für den Großteil der Biographien, die über ihn geschrieben wurden. Sie stellen die einzelnen Episoden und Entscheidungen in seinem Leben öfter so dar, als liefen sie zwangsläufig auf seine geheimnisvolle Bekehrung zu. Sein Leben wird also im wesentlichen vom Ende her gesehen und gedeutet. Man muß sich jedoch klarmachen, daß Charles de Foucauld und die Menschen in seiner Umgebung in der jeweiligen Situation eine solche Entwicklungslinie nicht gesehen haben. Jede Erfahrung war für sie neu. Es war jede Entwicklung möglich, in die eine oder die andere Richtung. Man tappte da mehr vorwärts, als daß man weitsichtig vorangeschritten wäre. Deshalb sollte man sich

hüten, vor allem die Jahre 1884–1886 so darzustellen, als
ob Charles de Foucauld zu der Zeit nur darauf gewartet
hätte, von jemandem entscheidende Hinweise darauf zu
bekommen, wie es mit ihm weitergehen solle. Seine Ver-
wandten waren ziemlich ratlos und alles andere als klar-
sichtige Propheten, seine Cousine Marie eingeschlossen. Sie
alle waren in die jeweilige Situation verwickelt und hatten
keinen Einblick in die Pläne der Vorsehung oder auch nur
in den Ablauf der jeweils nächsten Tage.

Die Spezialmilitärschule für Infanterie und Kavallerie in
Saint-Cyr liegt 6 km westlich von Versailles. Sie wurde
1803 gegründet und hat einen großen Namen. Als Charles
de Foucauld dorthin kommt, herrscht ein Geist der Re-
vanche für die Niederlage von 1870/71. Eines Tages wird
man es den Deutschen zeigen! So nehmen viele ihren Militärdienst sehr ernst, darunter Gallieni, Petain, Lyautey,
Laperrine, Sarrail, Driant. Diese werden später einmal be-
rühmt werden, und mit einigen wird Charles de Foucauld
bis zu seinem Lebensende in Verbindung bleiben. Rache
für die Niederlage von 1870/71 motiviert die einen, die
anderen wollen in die französischen Kolonien, wo ein-
flußreiche Posten auf sie warten. So gut wie alle wollen
Ruhm und Ehre, für sich und für das Vaterland.
Nicht so Charles de Foucauld. Er ist träge, findet alles
langweilig und uninteressant. Er vertreibt sich die freie
Zeit mit dem Lesen griechischer und lateinischer Schriftsteller. Die anderen Rekruten fallen ihm auf die Nerven,
und er freut sich auf den Urlaub in Nancy. Im Haus des
Großvaters ißt und trinkt er mit Genuß, interessiert sich
für gute Weine und ausgesuchte Speisen.
Am 1. Februar 1878 wird er plötzlich nach Nancy gerufen.
Dem Großvater geht es sehr schlecht. Auch seine Schwe-
ster Marie sitzt am Krankenbett. Am 3. Februar stirbt der
Oberst. Wieder ist Charles um einen verständnisvollen
Menschen und Freund ärmer. Er reagiert seinen Schmerz
in Disziplinlosigkeit und Nachlässigkeit ab. Er wird we-

gen Interesselosigkeit, wegen des schlecht gemachten Bettes, wegen nachlässiger Kleidung und zu langen Haaren getadelt. In den 2 Jahren dort wurden insgesamt 45 Strafen über ihn verhängt. Am 19. August 1878 liegt er nur auf Platz 333 von 386 Rekruten. Jede Kritik läuft an ihm ab wie Wasser.

Am 15. September 1878 feiert er zusammen mit seiner Schwester seinen 20. Geburtstag. Am selben Tag bekommt er die Verfügungsgewalt über das nicht unbeträchtliche Familienvermögen. Am 1. Oktober 1878 verläßt er Saint-Cyr als Fähnrich.

Am 15. November 1878 tritt er in die Kavallerieschule von Saumur ein. Saumur liegt am Unterlauf der Loire. Hatte er sich in Saint-Cyr eher einsiedlerisch zurückgezogen, so sucht er in Saumur begierig den Kontakt mit anderen Menschen. Er teilt sein Zimmer mit dem zukünftigen Marquis de Morès, der viel von einem feinen, süßen Leben hält. Beide speisen vorzüglich und laden zu ihren Gelagen jeden ein, der kommen möchte. Charles de Foucauld setzt bei Glücksspielen Höchstsummen ein, gibt fürstliche Trinkgelder. Er macht sich nicht die Mühe, seinen Sold zu kassieren. Schließlich hat er ja Geld. Er hat doch geerbt.

Es gibt Arrest, mehr strengen als einfachen. Das macht Charles nicht viel aus. Er liegt auf dem Sofa und raucht parfümierte Zigarren. Wenn sie Lust und Laune und nicht Arrest haben, gehen Charles und sein Zimmergenosse Morès ins vornehmste Lokal am Ort. Nachdem sie das Feinste vom Feinen gegessen haben, besteigen sie die Kutsche, die sie zurück in die Militärschule bringen soll. Charles de Foucauld zieht niedrige Kutschen vor, denn da braucht er sich beim Ein- und Aussteigen nicht allzu sehr anzustrengen. Als Verwandte ihn in Saumur besuchen, sagt man zu einem zehnjährigen Jungen, dem späteren General Camelin, er solle sich Charles de Foucauld unter keinen Umständen zum Vorbild nehmen.

Charles de Foucauld hört das gelassen und tut alles, um seinem schlechten Ruf gerecht zu werden. Morès und er lassen einmal Halbdamen aus Paris nach Saumur kommen. Man ist entsetzt. Aber da die beiden lebenslustigen Herren viel Geld springen lassen, sind wenigstens die Wirte und die Kellnerinnen versöhnt. Wenn in Saumur nichts los ist, muß man dorthin gehen, wo gefeiert wird. Charles, wieder einmal mit Arrest bestraft, hat gehört, daß in Tours ein Fest gefeiert werde. Dabei darf er nicht fehlen. Natürlich bekommt er keinen Urlaub. Also macht er sich, als Arbeiter verkleidet, ohne Erlaubnis auf den Weg nach Tours. Die Wachen erkennen ihn nicht, als er zum Zug geht, denn er hat sich zusätzlich noch einen falschen Bart angeklebt. Als er in Tours in einem kleinen Restaurant speist, fällt er dem Wirt auf. Der Bart löst sich, und der Wirt hat zunehmend das Gefühl, er habe es mit einem Banditen oder, schlimmer noch, mit einem Anarchisten zu tun. Er verständigt die Polizei. Charles de Foucauld wird abgeholt. Es gibt 30 Tage strengen Arrest.

Tante Inès bekommt Wind von der Affäre. Die Vorstellung, daß Leute ihren Neffen von zwei Gendarmen abgeführt gesehen haben, ist ihr unerträglich, und sie schreibt Charles einen Brief, in dem sie ihn heftig tadelt. Seine Cousine Marie zeigt dagegen Verständnis für seinen Gemütszutand. Sie spürt instinktiv den guten Kern in ihrem Vetter.

Charles macht weiter wie bisher. Seine Vorgesetzten vermissen bei ihm „militärischen Geist", und so ist es nicht verwunderlich, daß er bei der Abschlußprüfung den allerletzten Platz belegt. Er wird zum 4. Husarenregiment in Sézanne an der Marne beordert. In dem kleinen Ort langweilt er sich zu Tode und bittet um Versetzung. Man schickt ihn nach Pont-à-Mousson, wo er das ganze Jahr 1880 bleibt. Auch dort vertreibt er sich mit Gelagen die quälende Langeweile. Morès ist nicht mehr mit ihm zusammen. Sein neuer Freund ist Fitz-James. Charles hält sich einen Hausdiener, und er hat eine Kutsche mit Pferd. Häufig fährt er darin mit Gleichgesinnten aus.

Dieses süße Leben dauert bis zum Dezember 1880. Das 4. Husarenregiment wird nach Afrika verlegt. Charles de Foucaulds neuer Standort ist Sétif in Algerien. Er hat eine junge Frau mit dorthin genommen: Mimi. Man hält die beiden für ein Ehepaar und findet sie anziehend. Als herauskommt, daß Mimi nicht die Ehefrau, sondern die Geliebte des Fähnrichs ist, heißt es: Mimi oder das Regiment! Charles de Foucauld will Mimi nicht fortjagen wie einen Hund. Man setzt sich mit dem Kriegsministerium in Paris in Verbindung. Die Anordnung lautet: Entweder schickt der Fähnrich de Foucauld die anrüchige Frau weg, oder er muß seinen Dienst quittieren. Am 20. 3. 1881 muß Charles de Foucauld, weil er Mimi nicht fortschicken will, wegen „Disziplinlosigkeit" und wegen „skandalösen Betragens" die Uniform auszuziehen. Der jetzt 22jährige verläßt zusammen mit Mimi Algerien und läßt sich in Évian am Genfer See nieder. Es wird sich nie ganz klären lassen, welche Rolle bei diesem entschlossenen Schritt die Liebe zu Mimi gespielt hat. In jedem Fall hat Charles de Foucauld gezeigt, daß er Mut hat und Einschnitte wagt.

Tante Inès ist entsetzt. Sie sieht ihren Neffen in der Hand einer durchtriebenen Hochstaplerin. Charles lassen diese Vorhaltungen kalt. Was ihn dagegen nicht kaltläßt, ist eine Zeitungsnotiz, die er im Juni 1881 liest: Sein Regiment hat in schweren Gefechten schlimme Verluste erlitten. Araber, und zwar Ouled Sidi Cheikh, haben sich gegen die französischen Kolonialherren erhoben. Charles de Foucauld stellt sich vor, wie sich seine Kameraden verzweifelt wehren. Es hält ihn nicht länger in Évian. Er sagt Mimi, er müsse sie verlassen, und er bittet den Kriegsminister, wieder in sein Regiment eintreten zu dürfen. Er wolle als einfacher Soldat kämpfen. Das Kriegsministerium stellt ihn wieder als Fähnrich ein. Er macht sich sofort auf die Reise nach Nordafrika.

Dort behält er noch einige wenige der Marotten aus seinem „Genießerleben" bei. Er raucht nur zu bestimmten Zeiten und bleibt bei einer Tabakmarke, im übrigen aber erscheint er Freunden wie verwandelt. Er riskiert im Kampf sein Leben, setzt sich für seine Soldaten ein. Ihm imponiert, mit welchem Mut die Nordafrikaner sich gegen die französischen Kolonialtruppen wehren. Es gibt ihm zu denken, daß die Ouled Sidi Cheikh unter ihrem Anführer Bou Amana besonders darüber erbittert sind, daß die Franzosen eine Pilgerstätte bei Tiout zum Teil zerstört haben. Welchen Gottesglauben müssen diese Menschen haben, daß sie den Kampf unterbrechen, um der religiösen Vorschrift entsprechend zu Gott zu beten. Er vergleicht ihren Gebetseifer mit der Glaubenspraxis des französischen Durchschnittschristen, und er schämt sich für die Christen. Der Islam beeindruckt ihn. Bisher hat er angenommen, es könne an Religion allgemein nicht viel dran sein, wenn es so viele unterschiedliche, ja gegensätzliche Religionen gibt. Der Glaubenseifer der Muslime zeigt ihm, daß Religion kein Unsinn sein kann. Verstärkt werden solche Überlegungen durch das Erlebnis der Wüstenlandschaft. Die unermeßliche, stille Weite wirkt reinigend auf den Geist. Hier gibt es keine Winkel, keine Nischen für Ausflüchte und kitschige Gedanken. Hier macht man reinen Tisch. Hier erlebt man die Freiheit, wählen zu können. Die Strenge und Einfachheit der Wüstenlandschaft verbietet die Flucht in billigen Aktionismus. In der Wüste kommt einem zudem die Ahnung von einem Gott, der geheimnisvoll still und voller Überraschungen ist. Ist es nicht überraschend, daß es so viele verschiedene Religionen gibt? Könnte dies in Gottes Absicht liegen? Wenn dies der Fall wäre, welche Schlüsse müßte man daraus ziehen? Sollte ein Christ Muslim werden, oder umgekehrt?

Wir wissen nicht, was Charles de Foucauld bei der Betrachtung des gestirnten Wüstenhimmels alles durch den Kopf gegangen ist, aber wie wir aus seinem späteren Leben wissen, hat die Wüste das Beste in ihm mobilisiert und auch genährt, genauso wie auch seine Freunde unter den Offizieren, beispielsweise Lyautey, Laperinne und Motylinski, von der Wüste und den Muslimen stark beeindruckt waren und in der Wüste über die Ränder ihres Militärdienstes hinausschauen, d. h. zu philosophieren begannen.

Bei Charles de Foucauld sind weiterreichende Überlegungen vorerst nur ansatzweise da, vermengen sich mit den soldatischen Pflichten und mit den Ansprüchen des Alltags. Man müßte ihnen Ruhe zum Wachsen und Reifen geben. Dies ist mit eine Erklärung dafür, daß Charles de Foucauld Ende 1881, Anfang 1882 zu dem Entschluß kommt, eine Studienreise zu unternehmen. Er denkt dabei an eine Orientreise, wie sie damals von einer großen Zahl meist jüngerer, europamüder Europäer unternommen wird. Eine andere Erklärung für die plötzliche Reiselust ist, daß ihn wieder einmal das Bedürfnis nach einer plötzlichen Wendung überfällt. Die Vorgesetzten zeigen für die Reisepläne des Fähnrich kein Verständnis. So nimmt Charles de Foucauld am 28. Januar 1882 seinen Abschied, genauer gesagt, seinen zweiten Abschied von der Armee. Am 10. März 1882 erhält er die Entlassungspapiere.

Der junge Forschungsreisende

Stichwort: Wüste

Mehr als einmal hat sich eine im Wohlleben und im Kultur-
betrieb verweichlichte Christenheit durch Anstöße aus der
Wüste wieder gefangen und erneuert.
So sind beispielsweise in den mehr als 40 Friedensjahren
zwischen der Verfolgung unter Valerian und Diokletian
(258–303) viele Christen reich geworden, und als 313 Kai-
ser Konstantin die Christen zu gleichberechtigten Bürgern
erklärt, kommen viele von ihnen zu Macht und Einfluß.
Bischöfe wie Cyprianus und Eusebius klagen, immer mehr
Christen seien hinter dem Geld her, die Frauen hätten
nichts im Kopf, als sich zu schminken und zu vergnügen.
Statt die Welt im Sinne Jesu zu verändern, würden jetzt die
Christen durch die Welt zum Schlechten hin verändert. Et-
liche fromme Christen denken ähnlich. Sie geben ihr Geld
den Armen und gehen in die Wüste. In leeren Gräbern, in
Höhlen oder in verlassenen Burgen führen sie ein einfaches
Leben. Diese Einsiedler in der ägyptischen und syrischen
Wüste kann man als die ersten Mönche bezeichnen. Sie
möchten zeigen, was Christentum bedeutet, wenn man es
ernst nimmt. Der bekannteste dieser frühen Einsiedler ist
der Ägypter Antonios. Er wird um 250 geboren. Als er 20
ist, sterben seine Eltern. Sie hinterlassen ihm viel Land und
Geld. Als er einmal während des Gottesdienstes die Bibel-
stelle hört, wo Jesus zu einem reichen Mann sagt, er solle
alles aufgeben und ihm folgen, fühlt Antonios sich persön-
lich angesprochen, gibt seinen Besitz auf und zieht sich mit-
tellos in die Wüste zurück. Er ist ein Mensch mit vielen
Schwächen, deshalb wird er immer wieder von bösen Ge-
danken und Versuchungen geplagt. Aber er wird damit
fertig. Sein Beispiel zeigt vielen Christen in der großen
Welt, wie lau ihr Christentum geworden ist. Auch andere
Einsiedler in der Wüste, beispielsweise Pachomios (um

320), sorgen mit dafür, daß die Christen sich zumindest die Erinnerung an ein konsequentes, kompromißloses Christentum bewahren.

Noch heute hat die Wüste solch eine reinigende Wirkung, wenn auch nicht mehr unmittelbar in einem religiösen Sinn. In seiner Autobiographie The Life of my Choice, d. h. Das Leben nach meiner Wahl (1987), sagt der Weltreisende und Schriftsteller Wilfred Thesiger über seine Erfahrungen in der Wüste: „Wenn ich auf meine Einstellung zu den allgemein anerkannten Freuden des Lebens zurückblicke, kann ich sagen, daß ich ihnen nie allzu große Bedeutung beigemessen habe. Es ist mir ziemlich egal, was ich esse, vorausgesetzt, ich werde satt. Auf Wein und andere alkoholische Getränke kann ich gut verzichten. Als ich 14 war, gab mir jemand einmal ein Glas Bier. Ich fand den Geschmack so scheußlich, daß ich nie wieder ein Glas Bier angerührt habe. Was Zigaretten anbetrifft, so fühle ich mich schon unbehaglich, wenn um mich herum geraucht wird. Sex war mir nie ein großes Bedürfnis. Die Enthaltsamkeit in der Wüste hat mir nichts ausgemacht. In einer Ehe hätte ich mich unfrei gefühlt. Deshalb konnte ich leben, wie ich es wollte, und ich habe niemals das Gefühl gehabt, mir sei irgend etwas entgangen. Das Leben in der Wüste ist von einer Einfachheit, die ganz nach meinem Geschmack ist. Alles, was nicht unbedingt lebensnotwendig ist, erweist sich als Belastung. Die drei Monate, die ich 1938 in der Sahara verbrachte, lehrten mich Dinge zu schätzen, welche die meisten Europäer für selbstverständlich halten: sauberes Trinkwasser, Fleisch auf dem Teller, ein warmes Zimmer an einem kalten Winterabend, Schutz vor Regen und vor allem: einen gesunden Schlaf nach einem anstrengenden Tag." (Übers. v. Verf.)

Der jetzt 23jährige denkt nicht an eine eher oberflächliche Studienfahrt. Er will vielmehr echte Forschungsarbeit treiben. Dazu muß er zunächst einmal richtig Arabisch können. Er geht nach Algier, arbeitet dort in der Bibliothek und nimmt Arabischstunden. Er findet bei dem Konservator der Bibliothek, MacCarthy, Hilfe und Verständnis. Wo soll er Forschungen betreiben? Im Süden Algeriens? Das ist, so heißt es, zu gefährlich. Besser in Marokko? Auch das wird nicht leicht sein, denn die Marokkaner möchten sich, so gut es geht, die Europäer vom Leib halten, nicht zuletzt deshalb, weil sie ihren Glauben gefährdet sehen. Er wird Marokko erforschen.

Als Tante Inès von den Plänen ihres Neffen hört, ist sie außer sich: Nach der Affäre mit der vermeintlichen „Hochstaplerin" Mimi jetzt eine neues, unkalkulierbares Abenteuer! Sie will den jungen Mann dadurch zur Vernunft bringen, daß sie ihm den Geldhahn zudreht. Zu diesem Zweck ernennt sie seinen Vetter de Latouche zum Vermögensverwalter. Schließlich hat Charles, so stellt Tante Inès zu ihrem Entsetzen fest, in weniger als 4 Jahren sage und schreibe mehr als 110.000 Francs (in Gold!) ausgegeben!

Der Vermögensverwalter bittet seinen Vetter, nach Nancy zu kommen. Charles de Foucauld erscheint dort und erklärt, von der geplanten Forschungsreise halte ihn kein Mensch zurück. Gut, erwidert der Vetter, der weiß, daß Charles seinen Willen durchsetzen wird, er könne forschen, soviel er wolle, vorausgesetzt, er unterwerfe sich gewissen Zwängen. So habe er monatlich nun nicht mehr als 350 Francs zur Verfügung, davon müsse er auch die Arabischstunden bezahlen. Jetzt wird Charles, der es gewohnt war, im Monat mehr als 4000 Francs auszugeben, sehr bescheiden leben müssen. Er willigt ein, denn er will als Forschungsreisender sich selbst und den anderen beweisen, daß er mehr kann, als sich zu vergnügen und dann und wann einmal Soldat zu spielen. Hinzu kommt noch etwas anderes: Als Forscher in der Wüste ist er nicht von den Launen einer Frau (Mimi oder Tante Inès) abhängig und auch nicht der Befehlsgewalt militärischer Vorgesetzter ausgeliefert. Er wird, so glaubt er, ohne Einschränkung sein eigener Herr sein. Schon auf der Militärschule hat er zudem zeitweise das Bedürfnis gehabt, allein zu sein. In der Wüste kann er nun allein sein. Er ist nicht ausgesprochen kontaktscheu und nicht kontaktarm, dennoch hat er stets das Alleinsein gesucht, aus welchem Grund auch immer, und daran wird sich bis zu seinem Lebensende nichts ändern.

In einem alten Haus im Judenviertel von Algier findet er einen Reisebegleiter, den 54jährigen Rabbiner Mardochée, der dort mit seiner Frau und seinen vier Kindern lebt. Charles de Foucauld kleidet sich wie ein orientalischer Jude und legt sich den Namen Joseph Aleman zu, von Beruf „Rabbiner". Als Geburtsort gibt er Moskau an. Im Zug hört er den Reisenden bei ihren Gesprächen zu. Ein Reisender meint zu einem anderen, Charles komme direkt aus Jerusalem. An einer Stelle wird ihnen, weil sie beide wie Israeliten daherkommen, die Weiterreise nicht gestattet. In Tanger schließen sie sich einer kleinen Karawane an, die in Richtung Tétouan zieht. Am Anfang ist Charles mit seinem Begleiter sehr zufrieden, doch im Lauf der Zeit findet er ihn „faul" und „ungeschickt" und gefräßig obendrein. Langweilig ist die Wüstenreise nicht. Ein Beispiel: Am 5. Juli 1883 schließen sich der Karawane ein Mann mit sechs Kanarienvögeln und eine Frau mit ihrer kleinen Tochter an. Schon in der Nacht sind der Mann und die Frau zur sofortigen Heirat entschlossen. Die übrigen Reisenden fungieren als Trauzeugen. Die Eheleute, die sich so zufällig gefunden und so rasch gebunden haben, wollen die Kanarienvögel bei der erstbesten Gelegenheit verkaufen. Der Erlös dient dann als Hochzeitsgeschenk und als Start ins Leben. In den Briefen an seine Schwester Marie beklagt Charles sich zunehmend über Mardochée. Besonders stört ihn, daß dieser „feige" ist. (Später, als er, nicht sehr lange vor seinem Tod, zweimal einen Gefährten hat, kommt er auch mit diesen nicht zurecht. Sie werden ihn nach kurzer Zeit verlassen.)

Charles de Foucauld paßt sein Gewand jetzt dem der marokkanischen Juden an. Auf diese Weise gibt es weniger Schwierigkeiten mit den Behörden. Räuber dagegen schauen nicht auf Religion und Nationalität. Nachts überfallen sie die Karawanen, und so müssen Wachen aufgestellt werden. An richtiges Schlafen kann da keiner denken. Überall hören sie, wie die Bevölkerung von Handlangern der jeweiligen Herrscher ausgesogen werden. Den armen Leuten bleibt kaum genug zum Überleben. Der habgierige Sultan wird immer reicher, die Leute werden immer ärmer, und wenn dann noch eine außergewöhnliche Trockenheit dazukommt, müssen sich die Wüstenbewohner, nur um überleben zu können, hoffnungslos verschulden. Die Familie in Frankreich hat geglaubt, Charles habe sich mit seiner Forschungsreise durch Marokko wieder einmal in ein unüberlegtes, kopfloses Abenteuer hineingestürzt. So hat seine Schwester Marie ihm vorsorglich nach Marokko geschrieben, was man begonnen habe, müsse man auch zu Ende führen.

Wider Erwarten hält er durch und leistet gründliche Arbeit. Tag für Tag schreibt er ausführlich seine Beobachtungen und Erkenntnisse nieder. Er beschreibt die Landschaftsformen und die Kultur der Bewohner, registriert ganz genau Kleidung, Sitten und Gebräuche. Die Naturbeschreibungen sind von großer Schönheit, und er scheint auch zu spüren, wie Landschaften auf Menschen wirken können. Am Großen Atlas hat er das Gefühl, daß diese versengte, ausgelaugte Mondlandschaft traurig wirkt und Traurigkeit verbreitet. Wie kann man der (von ihm vermuteten) Traurigkeit der Wüstenbewohner begegnen? Diese Frage wird ihn in seinem späteren Leben noch eingehend beschäftigen. Auf dieser Forschungsreise vertieft sich auch seine Neigung zur menschenleeren Wüste. Hierher wird er später zurückkehren.

Mitte November 1883 kommt er in Tissint mit Mekkapilgern zusammen. Er stellt fest, wie segensreich eine solche Pilgerfahrt ist. Die Pilger sind sehr freundlich zu ihm, obwohl er Christ ist. Sie vermeiden taktvoll alle religiösen Gespräche, weil sie ihn nicht in Diskussionen verwickeln möchten, die ihn, den Christen, in peinliche Verlegenheit bringen könnten, denn daß viele Christen sich als Kolonialherren wenig an Christi Botschaft halten, hat man in

Nordafrika bereits zur Genüge erfahren. Einer dieser muslimischen Pilger wird Charles' Freund und hilft ihm in schwierigen Situationen.

Am 10. März 1884 bekommt Charles de Foucauld vom französischen Konsulat in Mogador ein Begleitschreiben in französischer und arabischer Sprache, in dem der Konsul die marokkanischen „Autoritäten" bittet, dem „französischen Untertan Yussef Ben Yacob de Foucauld" jede Hilfe und Unterstützung angedeihen zu lassen. Über seinen Begleiter Mardochée äußert er sich seiner Schwester Marie gegenüber immer eindeutiger: Für ihn ist dieser ein ausgemachtes „Vieh". Mitte Mai 1884 wird Charles wieder einmal überfallen und beraubt. Das ist jedesmal schlimm, denn ohne Geld steht man auch oder gerade in der Wüste ziemlich hilflos da. Am 26. Mai 1884 ist er wieder in Algier. Charles freut sich, daß er durchgehalten hat. Es gibt ein Foto aus diesem Jahr. Er, der auf einem Foto aus dem Jahr 1876 eher rundgesichtig, trotzig und vergnügungssüchtig aussieht, wirkt jetzt schmaler, nachdenklicher, die Augen sind offener. Die Forschungsreise hat ihn verändert. Dies bedeutet aber nicht, daß er jetzt in einer bestimmten Richtung endgültig Tritt gefaßt und seinen Takt gefunden hätte. Es hat den Anschein, daß er nach seiner Rückkehr nach Frankreich wieder in sein altes Leben zurückfallen könnte. Langeweile plagt ihn, zusammen mit dem Bedürfnis, dieser Langeweile gewaltsam zu entkommen.

Seine Cousine Marie macht sich Sorgen. Sie weiß nicht, was sie konkret raten soll, und hofft nur, daß ihr Vetter sich mit Gottes Hilfe endlich fangen und seinem Leben eine Richtung geben wird. Hier könnte, so mag sie für sich gedacht haben, eine Wiederannäherung ihres Vetters an die Kirche helfend und klärend sein. Aber vielleicht sind ihr solche Gedanken erst etwas später gekommen. Für den Augenblick weiß Charles de Foucauld nicht so recht, was er nach der Forschungsreise durch Marokko machen soll. Forschungsreisender – das ist kein festumrissener Beruf. Und die Offizierslaufbahn? Er hat sich schon zweimal von der Armee verabschiedet. Wer das tut, hängt nicht am Militär und wird es in der Armee nicht eben weit bringen. Was tun?

Zunächst besucht er seine Tante Inès auf deren Sommersitz Tuquet in der Gironde. Dort trifft er auch seine Cousine Marie wieder. Obwohl er krank wird, sind die sechs Wochen im Schloß Tuquet für ihn ein unvergeßliches Erlebnis. Er genießt die Stille, die unberührte Natur und die Sympathie seiner Verwandten. Er findet hier Alleinsein und zugleich Gemeinschaft mit anderen. Das klingt paradox, bekommt aber Sinn, wenn man hinzufügt, daß es die Gemeinschaft lieber, unaufdringlicher, stiller Menschen ist, die er so schätzt und die sich mit Alleinsein durchaus verbinden läßt. Er ist hier mit anderen zusammen, aber sie lassen ihm viel Zeit und Ruhe, sich mit sich selber zu beschäftigen.

Im Anschluß an seinen Aufenthalt im Schloß Tuquet unternimmt er eine Reise ins Elsaß. Im September absolviert er in der Gegend von Bordeaux eine Reserveübung, zu der er als Reserveoffizier eingezogen wird. Im Oktober fährt er nach Algier zurück, um seine Forschungsergebnisse zu ordnen und für eine Veröffentlichung vorzubereiten. Er denkt an weitere Forschungsreisen. Er holt sich Rat bei Kommandant Titre, der sich ebenfalls mit erdkundlichen Fragen beschäftigt. Die Titres haben eine 23jährige Tochter, die kürzlich vom evangelischen zum katholischen Glauben übergetreten ist. Charles de Foucauld findet Gefallen an ihr und denkt an Heirat. Er spricht mit dem Vater. Der ist einverstanden. Alle finden ihn ernst, aufmerksam, ordentlich. Er spricht mit Mademoiselle Titre unter anderem auch über Religion. Er verspricht, ihr nach der Heirat in religiösen Dingen völlige Freiheit zu lassen. Er selber sei kein praktizierender Katholik, er habe nämlich seinen Glauben verloren.

Charles' Familie ist gegen die Heirat. Vor allem seine Cousine Marie fürchtet, ihr Vetter sei wieder einmal durch eine Kurzschlußhandlung in ein Abenteuer hineingeraten. Vielleicht stört sie auch, daß die Schwiegereltern evangelisch sind. Rückblickend (1889) wird Charles ihr schreiben, sie habe ihn vor dieser Heirat „gerettet". Im Sommer 1884, mitten im Geschehen, wird er das vermutlich anders gesehen haben.

Er geht wieder für zwei Monate nach Nordafrika und arbeitet weiter an der Sichtung und Gliederung seiner Forschungsergebnisse. Im Dezember 1884 kommt er nach Frankreich, um bei der Vermählung seiner Schwester Marie mit Raymond de Blic dabei zu sein. Im März 1885 fährt er wieder zurück, um dort seine Forschungsergebnisse für den Druck vorzubereiten. Am 24. April 1885 nimmt der Mann seiner Cousine Marie aus den Händen Ferdinand de Lesseps', des Erbauers des Suezkanals, für Charles die Goldmedaille der Französischen Geographischen Gesellschaft entgegen. Man hebt die Brauchbarkeit der Forschungsergebnisse hervor und rühmt den Mut und das Durchhaltevermögen des jungen Forschungsreisenden. Im Mai 1885 kommt Charles de Foucauld nach Frankreich, Anfang August möchte er wieder in Algier sein. Doch in Frankreich wird er krank. Das Fieber geht nur langsam zurück. Er überlegt, ob er seine Forschungsergebnisse, die nun geordnet sind, bereits veröffentlichen soll. Wäre es nicht besser, vorher die Teile der algerischen und tunesischen Sahara zu erforschen, die er noch nicht kennt, um zu sehen, worin sie sich von der marokkanischen Sahara unterscheiden? Am 14. September 1885 schifft er sich nach Nordafrika ein. Zwischen September und Dezember 1885 erforscht er das Gebiet zwischen den Oasen Laghouat, Chardaïa, El Goléa und Quargla. Am 18. Dezember 1885 ist er in Gafsa, Anfang Januar 1886 in Gabès, von wo aus er nach Frankreich zurückkehrt. Er möchte dort das Manuskript zum Druck abgeben. Von Paris aus fährt er nach Nizza zu seiner Schwester Marie, die am 7. Oktober 1885 ihr erstes Kind geboren hat. Am 19. Februar 1886 fährt er nach Paris zurück und mietet im Haus Nr. 50 der Rue de Miromesnil eine Wohnung. Hier möchte er sich, zurückgezogen, intensiver Arbeit widmen und neue Forschungsprojekte vorbereiten. Sein Arbeitszimmer sieht wie eine arabische Bleibe aus. Er kleidet sich arabisch, solange er nicht auf die Straße hinaus muß. Bis zur Rue d'Anjou, wo seine Tante Inès und seine Cousine Marie (jetzt: de Bondy) in ihrer Hotelsuite wohnen, ist es nicht weit. Auch die Kirche Saint-Augustin ist nah. Es heißt, bald gebe es wieder Krieg mit Deutschland. Aber das interessiert Charles de Foucauld nicht. Er möchte wie ein Einsiedler mit seiner Arbeit und seinem Nachdenken allein sein.

Ein überraschendes Ereignis

Stichwort: Glauben in Frankreich

In der 2. Hälfte des 19. Jahrhunderts sind die Kirchen-treuen unter den wohlhabenden Bürgern durchweg recht-schaffen und familienorientiert, ohne daß bei ihnen viel von amour *die Rede wäre. Sie üben Solidarität im kleinen, im Familien- und Bekanntenkreis, nicht so sehr im großen. So sind beispielsweise die Eingeborenen in den Kolonien für die meisten von ihnen ferne Exoten und höchstens Stoff für bunte Abenteuergeschichten. Charles de Foucauld wird später von Afrika aus versuchen, das Blickfeld seiner Familie in dieser Richtung zu erweitern – vergeblich. Diese Bürger zerbrechen sich nicht den Kopf über theologische und zeitpolitische Fragen. Sie spenden Blumen für den Altar, haben Kontakte zu den Pfarrern und besuchen regel-mäßig die Sonntagsmesse. Sie genießen mit Maß die An-nehmlichkeiten ihres Standes. Sie haben kaum Kontakte zu den unteren Schichten. Die Landbevölkerung ist für sie sehr fern.*

Wie vor allem die Untersuchungen von Judith Devlin (The Superstitious Mind: French peasants and the supernatural in the 19th century, 1987) *gezeigt haben, sind dem Glauben der französischen Landbevölkerung jener Zeit noch viele magische („abergläubische") Elemente beigemengt. Gott und die Heiligen können bestochen, bedroht, sogar bestraft werden. Sie werden weniger ihrer Tugenden als viel mehr ihrer Kräfte wegen geschätzt. Heiligenbilder und Reliquien werden nicht selten mit Schlägen zum Eingreifen getrieben. Wenn sie nicht gleich helfen wollen oder können, werden sie zur Strafe in dunkle Löcher, in Brunnen oder in Flüsse ge-worfen. Heilige sind moralisch neutral, man kann sie zu guten oder weniger guten Zwecken einspannen. Drei Ave Maria zu Ehren Unserer Lieben Frau von Haine halfen, daß ein Feind binnen Jahresfrist starb. Auch Haustiere wurden auf Pilgerschaft geschickt. Für Pferde war der heilige Ely, für Schweine der heilige Antonius zuständig. Ochsen und Schafe trieb man zu wundertätigen Bäumen, Seen, Brunnen und Wegkreuzungen.*

Man sollte sich jedoch hüten, solche Praktiken als primitivsten Aberglauben zu belächeln. Wer eine Statue des heiligen Laurentius mit Lehm bewarf, um Hautausschlag zu kurieren, rechnete nicht automatisch mit Heilung. Vielmehr erleichterten sich die Menschen auf diese Weise, befreiten sich durch solche quasi magischen Handlungen von Ängsten. Heilige mußten damals das leisten, was heute Ärzte, Tierärzte, Psychiater, Sozialarbeiter und Versicherungsvertreter tun: Menschen und Tiere aus Nöten und Ängsten befreien. Jene französischen Bauern suchten im Umgang mit Heiligen, Bäumen und Flüssen keinen Nervenkitzel, keine Ekstasen, sondern Entkrampfung in großer Not, Beruhigung, Trost in einem ständig anstrengenden, gefahrvollen Leben. Diese Art von Aberglauben ist nicht einfach die Religion rückständiger Geister, sie ist ein Linderungsmittel auf offene Wunden.

Verbindungslinien zwischen aktuellen Notsituationen oder schmerzlichen Verlusten und religiösen Elementen lassen sich auch sonst in jener Zeit in Frankreich ausmachen. So waren die Marienerscheinungen von Maximin Giraud und Mélanie Mathieu in La Salette im Jahr 1848 auch so etwas wie ein Heilmittel auf die seelischen Wunden dieser Kinder, und sie haben sicher nicht nur an sich selbst gedacht, als sie berichteten, die ihnen erschienene „Frau" habe sich darüber beklagt, daß der Sonntag, der „Tag ihres Sohnes", nicht geheiligt werde. Denn zu der Zeit mußten viele Kinder auch am Sonntag schwer arbeiten. Sie mögen gehofft haben, daß das Wort Marias ihnen wenigstens einen arbeitsfreien Sonntag bringen würde.

Ähnlich könnten die Marienerscheinungen von Lourdes im Jahr 1858 auf die junge Bernadette Soubirous gewirkt haben. Kurz nach ihrer Geburt hatte sich die Mutter die Brust angesengt, als eine umgefallene Kerze ihr Kleid in Brand setzte. Sie gab seitdem Bernadette nicht mehr die

Brust, sondern brachte sie zu Pflegeeltern, wo das Mädchen schlecht behandelt, schlecht ernährt und zudem ausgenutzt wurde. Bernadette dürfte in Maria unter anderem so etwas wie eine zweite Mutter gesehen haben, genauso wie Charles de Foucauld in seiner Cousine Marie und später in der Gottesmutter auch einen Ersatz für seine frühverstorbene Mutter gesehen haben dürfte.

Plötzliche, geheimnisvolle Bekehrungen, wie wir sie von Paulus, Augustinus oder Teresa von Ávila kennen, sind im Frankreich des 19. Jahrhunderts nicht selten. Das bekannteste Beispiel: die überraschende Bekehrung Paul Claudels hinter einem Pfeiler von Notre Dame de Paris im Jahr 1886.

Etliche Katholiken begnügten sich nicht mit einem eher süßlichen, wohltemperierten Katholizismus, und sie schauten, wie Charles de Foucauld, über die Grenzen Frankreichs hinaus.

Vor allem nahmen sie Anteil am Schicksal der Eingeborenen in den französischen und anderen Kolonien in Übersee. Genannt seien hier die Weißen Väter, eine Genossenschaft von Weltpriestern und Laienbrüdern ohne Ordensgelübde, die sich um die Christianisierung Afrikas bemühen, und die Weißen Schwestern, die vor allem für die Besserstellung afrikanischer Frauen arbeiten. 1888 gaben zwei Französinnen, Jeanne und Stephanie Bigard, Mutter und Tochter, der Missionsarbeit in Übersee neue Impulse. Sie sagten sich: „Es kann nicht immer so weitergehen, daß die europäische Kirche in Übersee einseitig die gebende und alleinprägende Kraft ist. Die Eingeborenen müssen auf eigenen Füßen stehen können und selber Priester ausbilden. Nur auf diese Weise ist die Bildung von Ortskirchen in Übersee mit einem eigenen Profil möglich." Zu diesem Zweck gründeten sie das Opus Sancti Petri, das heute noch die Ausbildung einheimischer Priester vor allem in Ländern der Dritten Welt intensiv fördert.

Charles de Foucauld stellt fest, daß ihm im Augenblick nichts fehlt, auch keine Frauen. Er genießt geradezu den Zustand der Enthaltsamkeit. Er hat jetzt Zeit zum Nachdenken. Während der Soldatenzeit und der Forschungsarbeiten in Marokko ist er nicht so richtig dazu gekommen, Fragen wie die folgenden zu stellen: Woher kommen wir? Was sind wir? Wohin gehen wir? (Der Maler Paul Gauguin wird 1897 in der Südsee einem Bild diese drei Fragen als Titel geben.) Solche Fragen sind zutiefst religiöser Natur. Das verschüttete Glaubensgut seiner Kindheit rührt sich in Charles de Foucauld. Er liest in den *Elévations sur les mystères* (Erhebungen über die Mysterien), von Bossuet (1627–1704). Er hat das Buch bereits als Kommuniongeschenk von seiner Cousine Marie bekommen. Bossuet, der bekannteste Theologe und Kirchenmann im Zeitalter Ludwigs XIV., verstand es, Glaubensfragen in klarer Gedankenführung und verständlicher Sprache darzustellen. Aber er bemühte sich auch, Brücken zu anderen Glaubensbekenntnissen zu schlagen. So versuchte er, die protestantischen Hugenotten mit friedlichen Mitteln an den Staat zu binden, und er korrespondierte mit dem deutschen Philosophen und Mathematiker Leibniz über Möglichkeiten der Wiedervereinigung der verschiedenen christlichen Konfessionen. Charles de Foucaulds Tante Inès und seine Cousine Marie verfolgten mit großer Aufmerksamkeit, wie er ganz langsam den Weg zurück zum christlichen Glauben findet. Die beiden Frauen helfen ihm dabei mit der nötigen Zurückhaltung. Später wird er vor allem Marie bescheinigen, sie habe ihn behutsam, Wort für Wort, gleichsam zentimeterweise zu dem zurückgebracht, was „fromm und gut" ist, wie er sich ausdrückt. Er geht häufiger in Kirchen und betet: „Mein Gott, wenn du existierst, dann mache, daß ich dich erkenne!" Er möchte Unterricht in der katholischen Glaubenslehre haben. Seiner Cousine Marie gegenüber erklärt er, sie habe das Glück, den Glauben zu besitzen, er dagegen suche das Licht, ohne es zu finden. Unabhängig von diesen religiösen Überlegungen ist er entschlossen, sein Leben zu ändern und ein anderer zu werden. Im Herbst 1886 reist er für ungefähr einen Monat nach Tunesien. Dort kommt er wieder mit vielen Muslimen zusammen. Er ist erneut vom Islam und den Muslimen angetan und versucht, sich größere Klarheit über den Islam zu verschaffen. Und er vergleicht ihn wieder mit dem Christentum. Vor allem die Einfachheit des Islams beeindruckt ihn. Fünf Glaubenssätze bilden das klare, übersichtliche Gerüst des muslimischen Glaubens: der Glaube an Allah, den einen Gott; der Glaube an die unter der Einwirkung Gottes entstandenen heiligen Schriften des Islam, von denen der Koran der maßgebliche ist; der Glaube an die von Gott gesandten Propheten, von denen Mohammed gleichsam Gottes letztes, verbindliches Wort ist; der Glaube an die Engel, die Gottes Boten sind; der Glaube an den Tag des göttlichen Gerichts, an die Auferstehung des Menschen und an ein ewiges Leben.

Ebenso einfach ist der Katalog der Pflichten eines Muslims: das Glaubensbekenntnis (arabisch: shahada); das Gebet (arabisch: salat); die Armensteuer (arabisch: zakat); das Fasten im Monat Ramadam (arabisch: saum); eine Wallfahrt nach Mekka (arabisch: hadsch).

Dagegen das Christentum. Gott ist dreifaltig: Vater, Sohn und Heiliger Geist. Christus ist der Mittler zwischen Gott und den Menschen, und er hat eine Kirche gegründet, die hierarchisch gestuft ist und ein Lehramt für sich in Anspruch nimmt. Das Christentum läßt in der Ehe nur eine Frau zu. All dies ist dem Muslim unbekannt und fremd.

Natürlich gibt es zwischen beiden Religionen auch Berührungspunkte, doch in der Regel sieht der Muslim in Jesus bestenfalls den Vorläufer Mohammeds und im Christentum höchstens einen Schritt zum Islam hin, der die „vollendete" Religion ist.

Wenn nun aber das Christentum die wahre Religion ist, wie könnte man dann einen Muslim von diesem Glauben überzeugen? Das dürfte nicht leicht sein und noch dadurch erschwert werden, daß in den Augen der Muslime das Christentum die Religion der Kolonialherren, der Unterdrücker und Ausbeuter aus Europa ist.

Während Charles de Foucauld mit solchen Überlegungen beschäftigt ist, schlagen ihm die beiden Frauen vor, aus der Rue de Miromesnil zu ihnen in die Rue d'Anjou umzuziehen. Dort fühle er sich sicher mehr zu Hause. Er zieht um. Die beiden Frauen praktizieren ihren Glauben, wie man es damals in ihren Kreisen tut: Sie beichten und kommunizieren regelmäßig, stellen Blumen in die Kirche und gehen zum Gottesdienst.

Eines Tages sagt Marie, sie sei 1876 in der Kirche Saint-Augustin zufällig in einen Beichtstuhl geraten, in dem ein wahrer Seelenkenner gesessen habe. Sie weiß seinen Namen nicht, ist aber immer noch von ihm begeistert und bekommt heraus, daß er Huvelin heißt. Charles de Foucauld hört aufmerksam zu, als seine Cousine weiter berichtet, Huvelin halte nicht viel von zündenden Predigten und von großen Worten, sondern finde es wichtiger, dem Mitmenschen zu zeigen, daß man sich für ihn interessiert und in ihm den Bruder sieht. Das imponiert Charles: nicht viele und schon gar keine großen Worte machen.

Marie spürt, daß Charles „Feuer gefangen" hat, aber sie hält sich klug zurück. Sie geht zu Huvelin und erzählt ihm von ihrem Vetter Charles. Huvelin ist seit 1875 an der Kirche Saint-Augustin. Er ist ein allseits geschätzter Beichtvater und Seelenführer. Als er von der inneren Unruhe Charles de Foucaulds hört, sagt er zu Marie, man solle nichts übereilen. Wenn die Zeit gekommen sei, werde Charles von sich aus das Notwendige tun. Er hat den Namen Charles de Foucaulds in den Zeitungen gelesen, als dieser für seine Forschungsarbeit in Marokko ausgezeichnet wurde, und er ist dem markanten Kopf auch öfters auf der Straße begegnet.

Ende Oktober 1886 ist es dann soweit. Charles de Foucauld erscheint bei Huvelin und bittet ihn um Aufklärung über die katholische Glaubenslehre. Huvelin sagt ihm, er solle sofort beichten und danach gleich kommunizieren. So erlebt der 28jährige seine zweite Erste Heilige Kommunion. In einem Brief vom 14. 8. 1901 an seinen Freund Henry de Castries sagt Charles de Foucauld über diesen

Wendepunkt in seinem Leben: Von dem Augenblick an, in dem er von der Existenz Gottes überzeugt gewesen sei, habe er nur das eine Ziel gehabt: allein Gott zu leben, und in dem Augenblick, in dem er seinen Glauben wiedergefunden habe, sei er entschlossen gewesen, Ordensmann zu werden.

Er erklärt Huvelin gegenüber, er möchte sofort in einen Orden eintreten. Doch der erfahrene Seelenkenner warnt vor jeder Übereilung. Wer nahezu 12 Jahre lang ein solch zielloses Leben geführt hat, muß erst richtig zur Besinnung kommen und herauszufinden versuchen, welchen Weg er gehen soll. Charles de Foucauld widerspricht nicht. Er bittet Huvelin, sein Seelenführer zu sein. Das ist damals nicht unüblich. Hinzu kommt im Fall Charles de Foucaulds, daß er die Pflicht zum Gehorsam aus dem militärischen Bereich ins Religiöse überträgt und im übrigen seinem eigenen Urteil nur noch bedingt traut: Die Zügellosigkeit und der Mangel an Perspektive in seinem Soldatenleben haben ihn nur in Sackgassen geführt, und das soll ihm nicht immer wieder passieren. So kommt es, daß er 24 Jahre lang jede wichtige Entscheidung mit Huvelin bespricht, und als dieser 1910 stirbt, sucht er sich einen neuen Seelenführer; und sogar einen höchst weltlichen Mann, seinen alten Freund, den General Laperrine, wird er später um eine wichtige Entscheidung bitten. Ganz wird sich diese Abhängigkeit von Seelenführern und „Entscheidern" allerdings nie erklären lassen.

Nun kann Charles de Foucauld nicht endlos bei seiner Tante und seiner Cousine sitzen und auf eine innere Erleuchtung oder einen Fingerzeig warten. Das weiß auch Huvelin. Deshalb empfiehlt er eine Reise ins Heilige Land, man könnte sagen: eine Pilgerfahrt zu den Stätten des Lebens und Wirkens Jesu Christi. Er soll je 14 Tage in Jerusalem, in Galiläa und Judäa bleiben.

Der Vordere Orient ist schon länger das Reiseziel berühmter Franzosen. Die großen romantischen Dichter, unter ihnen de Chateaubriand und Lamartine, sind dort gewesen und haben den geheimnisvollen Zauber der Felsen-

und Wüstenlandschaften besungen, in der Stille der von keinen Zivilisationserscheinungen berührten Natur glaubten sie die Stimme der Ewigkeit zu hören. Auch Maurice Barrès entdeckt im Vorderen Orient einen spirituellen Reichtum, den er in Europa schmerzlich vermißt. Charles de Foucauld, der im November 1888 nach Palästina reist, wo er bis Februar 1889 bleibt, ist für solche Reize nicht unempfänglich, aber ihn interessieren vor allem die zahlreichen realen Hinweise auf den menschgewordenen Gott. Weihnachten 1888 verbringt er in der Geburtskirche in Bethlehem. Einfache Frauen mit seltsamen Mützen und bestickten Kleidern knien neben ihm, Bauern in Kniehosen betrachten still die Stelle, an der Jesus zur Welt gekommen sein soll. Gott ist in der Person Jesu Christi Mensch geworden und hat Anteil am oft armseligen Leben der Menschen genommen. Der große Gott hat sich ganz klein gemacht. Das ist, was Charles de Foucauld besonders fasziniert: das Sich-klein-Machen, das Armsein, und das Leben im Verborgenen, wie es vor allem durch den Namen Nazaret umschrieben ist. Das in den Evangelien nur mit einem einzigen Satz erwähnte Leben der Heiligen Familie in Nazaret wird Charles de Foucaulds Ideal werden: unbeachtet, gehorsam in täglicher Pflichterfüllung, klein und unauffällig will er von der Frohbotschaft Jesu Christi Zeugnis geben. Hier, an den heiligen Stätten, bildet sich auch schon der Wunsch aus, vor allem der Bruder der Orientalen und Afrikaner zu sein. Seinen Verwandten bringt er als Andenken Blumen, Gräser und Blätter von den Stätten mit, an denen sich Christus während seines Erdenlebens aufgehalten hat. Jedes Andenken versieht er mit Datum und Ortsangabe.

Im November 1897 hält er Rückschau auf die Kräfte und die Menschen, die mit dazu beigetragen haben, daß er seinen Glauben wiedergefunden hat. (Bezeichnenderweise ist diese Rückschau als eine lange Anrede an Jesus formuliert. Da er immer sehr viel allein ist, nimmt er Gott zum Gesprächspartner.) Dankbar ist er vor allem seiner früh verstorbenen Mutter, die ihn beten lehrte und ihn mit zur

Kirche nahm. Auch der Vater, die Großeltern und die Cousine gehen regelmäßig zum Gottesdienst. Man stellt Blumen vor das Kreuz und vor die Weihnachtskrippe. In den Marienmonaten Mai und Oktober wird in Charles' Zimmer ein kleiner Altar aufgestellt, der auch dann noch da steht, als er seinen Kinderglauben längst verloren hat. Diese Gesten und Gebräuche nähren sein Gemüt, pflanzen das Religiöse in ihn ein. Deutlich erinnert er sich auch noch an die Erste Heilige Kommunion, an der die ganze Familie Anteil nimmt. Die gute, fromme Familie, die Großeltern, Tanten und Cousinen, werden ihm später, als die Eltern tot sind, immer helfend zur Seite stehen. Hier erfährt er schon früh, was es bedeutet, Menschen zu haben, die einen mögen und auf die man sich verlassen kann. Nach der Rückkehr aus dem Heiligen Land überlegt Charles de Foucauld zusammen mit Huvelin, wie es nun weitergehen soll. Daß er Ordensmann werden will, steht fest. Nach langen Gesprächen kommen sie zu dem Schluß, daß der Trappistenorden seiner Veranlagung und seinen Vorstellungen am ehesten entgegenkommt. Dort herrscht so gut wie völliges Schweigen, man ißt nur das Nötigste, und man betet viel, auch in der Nacht. Die Trappisten betreiben in der Regel Landwirtschaft, widmen sich aber auch intensiv dem Studium. Jeder Trappist hat seine eigene, freistehende Zelle. Er ist also die meiste Zeit ganz für sich allein. Es handelt sich bei den Trappisten um Zisterzienser der sogenannten strengen Observanz. Wie die Zisterzienser richten sie ihr Leben im wesentlichen nach den Regeln des Hl. Benedikt aus.

Es ist für Charles de Foucauld bezeichnend, daß er wichtige Entscheidungen zunehmend nicht spontan, nicht aus einer plötzlichen Gefühlsbewegung heraus trifft. So begleitet er beispielsweise das Wiederfinden des Glaubens mit Überlegungen, die er durchnumeriert und die logisch aufeinanderfolgen: 1. Wenn sein Vorbild (eine „edle Seele", gemeint ist Huvelin) einsichtsvoll und weise ist, dann kann die Religion, die dieses Vorbild vertritt, nicht töricht und haltlos sein. 2. Wenn diese Religion nun nicht töricht ist, dann ist in ihr vielleicht die Wahrheit zu finden. 3. Um Gewißheit zu erlangen, müßte er diese Religion gründlich studieren und prüfen. 4. Der sinnvollste Weg dahin wäre, mit Huvelin in Verbindung zu bleiben und zusammen mit ihm zu einer Klärung zu kommen.

In strengen Exerzitien, d. h. geistlichen Übungen, versucht er, bloß „gefühlige" Impulse von echten Gedanken zu trennen. Von einem „überraschenden Ereignis", das am Anfang seiner Bekehrung steht und auf das er mit gewohnter Diskretion nicht weiter eingeht, will er sich nicht in eine möglicherweise falsche Richtung drängen lassen. Er ist, so meint er, schon zu oft in die falsche Richtung gegangen. Das soll sich nicht beliebig wiederholen.

In diesen Monaten der Zurückgezogenheit und der Besinnung denkt er auch gründlich darüber nach, was er einzelnen Menschen verdankt. Die Jahre der Ausschweifung und der Ziellosigkeit haben den Sinn für echte Freunde und echte Dienste in ihm nicht abgestumpft. Dies zeigt beispielsweise ein längerer Brief, den er im September 1889, an einem Montagmorgen, an seine Cousine Marie schreibt. Er hat gehört, daß Marie Depressionen hat. Nun möchte er sie ein wenig aufrichten. Er räumt ein, daß ihm, dem ewigen Sorgenkind, das kaum gelingen dürfte. Er möchte am liebsten für sie leiden, denn er hat von ihr soviel Gutes erfahren: Seit nunmehr 20 Jahren schreibt sie ihm, seit 20 Jahren hat er ihr schreiben dürfen. Sie hat ihn niemals fallenlassen, obwohl sie dafür 1000 Gründe gehabt hätte. Als er in Tours verhaftet wurde, hatte Tante Inès nichts als die üblichen Ermahnungen. Marie aber hat ihm in jenem höchst kritischen Moment Mut gemacht und ihm das Gefühl gegeben, daß er nicht völlig alleinsteht. Marie hat auch dafür gesorgt, daß die Verbindungen zu anderen Familienmitgliedern, allen voran Tante Inès, nicht abrissen. Sie hat ihn vor einer übereilten Heirat bewahrt. Sie hat ihn, geduldig und taktvoll, zu Gott zurückgeführt und ihn mit Huvelin bekanntgemacht, sie hat ihm das erste religiöse Buch geschenkt; ein Bild über ihrem Tisch hat ihn in die Herz-Jesu-Verehrung eingestimmt; ihr verdankt er letztlich den bevorstehenden Eintritt in den Trappistenorden. Wenn es in seinen schlimmsten Augenblicken – Trägheit, Egoismus, Traurigkeit – einen tröstlichen Gedanken gibt, dann ist es dieser: daß Marie einmal in den Himmel kommen wird.

Weil er seine Cousine Marie so sehr schätzt, ist es für ihn selbstverständlich, am 15. Januar 1890 an ihrer Seite ein letztes Mal vor seinem Eintritt in das Ordensleben zu kommunizieren.

An den Abschied von Marie und den anderen Familienmitgliedern wird er sich an jedem 15. Januar genau erinnern. Dieser Abschied bleibt eine schmerzliche Wunde, die nicht verheilt, wie er unmißverständlich feststellt. „Das Opfer jener Stunde bleibt das Opfer jeder Stunde", fügt er hinzu.

Der Nazarener

Stichwort: Nazaret

In den Evangelien hat Nazaret, *wo Jesus aufwuchs, keinen besonders guten Klang. Natanael, der später ein Jünger Jesu wird, hat zunächst Zweifel an dem besonderen Charakter des Zimmermannssohns: „Kann denn von Nazaret Gutes kommen?" (Joh 1,46). Als Jesus mit seinen Jüngern nach Nazaret kommt, sind die Bewohner nicht gerade begeistert. Was kann man schon von einem Zimmermann, dem „Sohn der Maria", Großes erwarten (Mk 6,1–6)?*
Nazaret: *nichts Besonderes, kleine Verhältnisse, eng, beschränkt. Im 19. Jahrhundert ist das Wort* Nazarener *wieder ein Spottwort. Es wendet sich gegen eine deutsche „Malerbruderschaft", die 1809 in Wien von Friedrich Overbeck und Franz Pforr begründet wurde. Andere Nazarener sind Wilhelm von Schadow, Peter von Cornelius und Julius Schnorr von Carolsfeld. Sie wenden sich gegen einen oberflächlich gewordenen, glatten Klassizismus und entwickeln eine schlichte, beinahe einfältige Formensprache. Ihre Vorbilder sind mittelalterliche Bilder, italienische Maler des 15. Jahrhunderts und Albrecht Dürer. Sie wählen keine nuancierten Farben, sondern bevorzugen abgestufte Farbflächen. Dies gibt ihren Bildern, die überwiegend religiöse Themen darstellen, einen Ausdruck von Einfachheit, Sauberkeit, Stille und Bescheidenheit. Die Nazarener, auch Lukasbrüder genannt, wollten der „alten heiligen Kunst" des Mittelalters „im stillen nacharbeiten" (Overbeck).*

Hier stehen Nazaret *und* Nazarener *gegen alles Ausladende, Bewegte, Raffinierte, Überfrachtete. Daß die meisten Bilder der Nazarener keine Kunstwerke erster Güte sind, ändert nichts an der Zielrichtung, die man mit Vokabeln wie* Einfacher! Kleiner! Weniger laut! *umschreiben könnte.*

Als er am folgenden Tag, dem 16. Januar 1890, in dem kleinen Trappistenkloster Notre Dame des Neiges, etwas westlich von der Linie Lyon-Marseille, eintrifft, nimmt er sich vor, sofort Briefe an seine Tante Inès, an die Verwandten Mimi und Cath und an Huvelin zu schreiben und natürlich an seine Cousine Marie. Es ist bezeichnend, daß er mit dem Brief an Marie beginnt, und es verwundert nicht, daß dieser Brief so lang wird, daß er nicht mehr dazu kommt, die anderen Briefe zu schreiben.

Der Brief an seine Cousine Marie zeigt deutlich, wie schmerzhaft der Schnitt ist. Gestern um dieselbe Stunde ist er noch bei ihr und den anderen lieben Verwandten gewesen. Ihm wird jetzt erst so richtig klar, daß dies ein Abschied für immer war. So weit sind sie, nach Kilometern gemessen, zwar nicht auseinander, aber sie werden sich vermutlich nie mehr sehen. Er verschweigt nicht, wie sehr ihn dieser Gedanke schmerzt. Die Ablösung von seinem bisherigen Leben hat er sich leichter vorgestellt. Er hofft, daß der Schmerz, den ihm dieser fürchterliche Schnitt verursacht, ein Opfer ist, das Gott annimmt, um vor allem Marie alles Liebe und Gute zukommen zu lassen. Er möchte noch viel mehr leiden, damit es Marie und ihren Kindern gutgeht. Sie wird immer die erste sein, für die er betet, denn „er lebt nicht ohne sie". Sie ist so gut zu ihm gewesen, daß er ihr dafür gar nicht angemessen danken kann. Sie hat ihm die letzten Stunden am gestrigen Tag erträglich gemacht, und er hofft, sie eines Tages im Himmel wiederzutreffen. Sie hat ihm beim Abschied auf eine unvergeßliche Weise gesegnet, noch immer wirkt die „Süße" dieser Segnung in ihm weiter. Dies ist der letzte Brief, den er abschicken darf, ohne daß der Pater Superior ihn gelesen hat. Aus diesem Grund sind diese Zeilen vom 16. Januar 1890 besonders aufschlußreich, da Charles de Foucauld nicht eben häufig seine geheimsten Gedanken und Gefühle offenbart. Am folgenden Tag, dem 17. Januar 1890, tritt er als Novize in die Gemeinschaft der Trappisten ein. Der Name Notre Dame des Neiges, d. i. Unsere liebe Frau vom Schnee, ist kein zufälliges Schmuckwort.

Hier oben in 800 Meter Höhe herrscht der Winter oft ein halbes Jahr, und als Charles de Foucauld Mitte Januar 1890 im Kloster ankommt, ist es sehr kalt. Am 26. Januar 1890 wird er eingekleidet und erhält den Namen Bruder Marie Albéric. Und so beschreibt er seinen Klosteralltag: Um 2 Uhr morgens heißt es aufstehen. Hierauf geht er mit den übrigen Mönchen in die Kirche, wo sie etwa zwei Stunden lang im Chor Psalmen singen. Danach wird eine oder anderthalb Stunden lang privat gelesen, gebetet oder die Messe gelesen. Um 5.30 Uhr kehren alle in die Kirche zurück und singen erneut Psalmen, dann folgt die gemeinschaftliche Messe. Jetzt ziehen sie in den Kapitelraum, wo vorgelesen und gebetet wird. Dann erläutert der Pater Superior eine Passage aus der Ordensregel. Hierauf bekennt jeder öffentlich seine Sünden und Vergehen und bekommt dafür eine sehr milde Strafe (oder Buße). Eine dreiviertel Stunde lang betet dann jeder für sich, oder er liest etwas, dann sprechen die Mönche wieder gemeinsam ein Gebet. Um 7 Uhr beginnt die Arbeit, die der Pater Superior verteilt. Um 11 Uhr wird wieder gemeinschaftlich gebetet, und um 11.30 Uhr wird gegessen. Am Anfang muß Charles de Foucauld Girlanden herstellen oder Kerzenständer blankpolieren, später darf er Holz hacken. Diese Arbeiten verbindet er mit der Meditation.

Nach dem Essen schläft man bis 13.30 Uhr, darauf folgt wieder ein gemeinschaftliches Gebet, danach kann jeder einzelne allein beten oder lesen. Um 14.30 folgt das gemeinsame Vespergebet. Danach wird bis um 18 Uhr gearbeitet. Hierauf ißt man zu Abend und hat dann noch etwas freie Zeit. Bevor man sich um 20 Uhr schlafen legt, wird noch einmal im Kapitelraum gemeinschaftlich gebetet. Dann beginnt die kurze Nacht.

In einem Brief vom 26.1.1890 schreibt Charles de Foucauld an einen Freund, er habe dieses Leben gewählt, weil er kein angenehmes und ehrenvolles Leben wolle. Dennoch ist das, was er in Notre Dame des Neiges findet, nicht ganz das, was er sich vorgestellt hat. Er möchte strenger, „abgelegener" leben, und das Kloster müßte ärmer sein. Er glaubt, daß die kleine Trappistenniederlassung in Akbès in Syrien der richtige Platz für ihn ist. Man erlaubt ihm die Übersiedlung, und am 17.7.1890 kommt er in Akbès an. Die Niederlassung ist von Bergen eingeschlossen. Die körperliche Arbeit macht Charles de Foucauld viel Freude, sie entspricht seiner Vorstellung von einem Leben „wie in Nazaret". Dem geographischen Nazaret ist er hier in Akbès ja auch viel näher, als er es in dem französischen Trappistenkloster war. Die Annäherung an das Ideal Nazaret ist für ihn zunächst noch eine Annäherung an das geographische Nazaret.

In Akbès ist er weiter Novize. Er kommt nur wenig zum Lesen, denn es gibt im Freien viel zu tun. Im Herbst werden Trauben gelesen, im Winter schlägt man Holz, im Frühjahr muß die Erde um die Weinstöcke aufgehackt werden. Im Sommer werden Feldfrüchte und Obst geerntet. Während der Arbeit betet und meditiert er. In der Einsamkeit der Berge und der Zelle fehlt ihm nichts. Das Allerheiligste ist sein liebster und treuster Freund, mit dem er sich Tag und Nacht unterhalten kann. Weitere Freunde sind (unsichtbar, aber nahe) Maria, Josef und andere Heilige. Er ist glücklich in dieser unaufdringlichen Gesellschaft.

Man überträgt ihm die Aufsicht über einen Trupp Arbeiter, die eine Straße bauen. Auf diese Weise fühlt er sich Jesus näher, der in Nazaret mit seinen Händen gearbeitet hat. Akbès ist dabei alles andere als eine Insel des Friedens. Es wird zunehmend zu einer „Räuberecke". Die dort herrschenden Türken sind gerade dabei, die Armenier zu verfolgen und wenn möglich auszurotten. Die Armenier sind den Türken in der Regel geistig und wirtschaftlich überlegen, und sie sind Christen, Grund genug für die (muslimischen) Türken, den Armeniern das Leben zur Hölle zu machen und sie grausam zu verfolgen. Von 1894 bis 1896 wurden über 100 000 Armenier, darunter 190 Priester, ermordet und 1500 Städte und Dörfer geplündert. Am Weihnachtsfest des Jahres 1895 wurden im Dom von Ursa 1200 Armenier bei lebendigem Leib verbrannt.

Die sogenannten christlichen Großmächte duldeten das stillschweigend.

Als Charles de Foucauld in Akbès ist, beobachtet er in der Umgebung Plünderung, Brandschatzung und Mord an armenischen Christen. Er erkennt, daß es sehr schwer ist, Muslime zum Christentum zu bekehren, und er sieht, daß es eine wesentliche Aufgabe des Christen ist, Verfolgten und Unterdrückten, Armen und Kranken beizustehen. Könnte er das, so fragt er sich, nicht wirksamer tun, wenn er Priester würde?

Schon in Notre Dame des Neiges hat er sich mit Teresa von Avila beschäftigt. Hier, in Akbès, denkt er weiter über die Reformerin des Karmeliterordens nach, die von 1515 bis 1582 gelebt hat. Er sieht seine eigene Lage und seine Probleme in der Person der resoluten Spanierin gleichsam vor-gebildet: Für Teresa stellt sich immer wieder die Frage, wieviel an Zurückgezogenheit in der Zelle sie sich zugestehen darf und wieweit sie den Kontakt mit der Welt draußen suchen und halten muß, kurz: Wieviel Innerlichkeit und wieviel Verwicklung in die Welt ist gut und gottgefällig? Und: Wieweit ist sie verpflichtet, sich mit den Mächtigen und den von Moden abhängigen, in satter Behäbigkeit dahinlebenden Bürgern anzulegen? Und noch eine drängende Frage: Bis zu welchem Grad soll sie bei der Gründung neuer Klöster auf feste Einkünfte verzichten? Sollte sie ihr Leben und das ihrer Mitschwestern buchstäblich auf ein Nichts stellen? Darf sie das, was sie selber riskieren und wohl durchstehen würde, auch ihren Schwestern zumuten? Kann man von anderen verlangen, was diese vielleicht überfordern würde?

Hier in Akbès beschäftigt Charles de Foucauld angesichts der Plünderungen und Morde um ihn herum vor allem die Frage, die auch für Teresa von Avila die zentrale Frage war: Wo geht die Meditation, die Freude am Alleinsein, in eine Art geistliche Selbstbefriedigung über, die unverantwortlich und ganz und gar nicht gottgefällig wäre? Ihm wird, genauso wie dies bei Teresa von Avila der Fall war, immer deutlicher, daß es für einen Christen auf dem Weg zu Gott und der ewigen Seligkeit keinen Weg um den mühseligen, beladenen, hilfsbedürftigen Mitmenschen herum gibt. Vor allem eine Erfahrung lenkt seine Gedanken in diese Richtung. Bei einer Totenwache lernt er eine Familie kennen, die arm ist und sich allen möglichen Widrigkeiten und Gefahren ausgesetzt sieht. Diese Menschen haben nicht die Sicherheiten der gutbürgerlichen Familien, die Charles de Foucauld so gut kennt. Aber gerade diesen unzähligen unbehüteten Menschen muß die Aufmerksamkeit und Liebe wacher Christen gelten.

Doch diese Einsicht durchdringt nicht ohne weiteres die ganze Psyche, schon gar nicht im Fall von Charles de Foucauld, der ja nach vielen Jahren des Umtreibens in der Welt die Abgeschiedenheit und die Stille sucht, um erst einmal sich selbst und Gott zu finden, und so dauert die Suche nach dem Punkt an, wo das Bedürfnis nach Stille und die Pflicht dem Mitmenschen gegenüber in etwa miteinander in Einklang gebracht sind. Teresa von Avila, so meint Charles de Foucauld, hat diesen Punkt stets mit einiger Sicherheit gefunden. Ihm dagegen fällt das ausgesprochen schwer.

In einem ist er sich jedoch sicher: Er muß einen Zustand noch größerer Armut, Unbequemlichkeit und Einfachheit suchen, und hier in Akbès ist es ihm nicht arm und unbequem genug. Er löst sich innerlich vom Trappistenorden, und es kommt ihm zum erstenmal der Gedanke, selber eine Ordensgemeinschaft zu gründen, die nach seinen strengen Vorstellungen und Idealen leben sollte. Aber er kann sich nicht ausschließlich solchen Überlegungen widmen.

Im Jahr 1892 hat er mehrere Fieberanfälle, die ihm schwer zusetzen, und es kommen unvorhergesehene Pflichten, die er aber gerne auf sich nimmt. Anfang 1893 wird eine Frau, die sich um türkische Waisenkinder kümmert, krank. Da muß Charles de Foucauld einspringen. Er erfährt hier deutlich, daß Religion tätige Anteilnahme und Hilfe mit umfaßt, aber auch großes Verständnis für Verzweiflungstaten anderer. So hat er Ende Januar 1893 erfahren, daß einer seiner Freunde, Henri Duveyrier, Selbst-mord begangen hat. In einem Brief an einen Bekannten, M. Maunoir, erinnert Charles de Foucauld an den aufrechten Charakter, den hochgemuten Sinn und die Feinfühligkeit des Toten. Er tröstet sich mit dem Gedanken, daß Henri Duveyrier im Augenblick der Tat wohl nicht mehr Herr seiner Sinne war und Gott in seiner unermeßlichen Güte Verständnis für den unglücklichen Freund haben wird.

Ende Februar 1893 beginnt er mit dem eigentlichen Theo-logiestudium. Dies fällt ihm sehr schwer. Dazwischen muß er einem Mitbruder Mathematikunterricht geben und den Bau einer Straße überwachen. Ein kleiner Trost: Der Theo-logielehrer ist ein ebenso kluger wie liebenswürdiger Mann.

Im Juni 1893 kommen neue Satzungen für den Trappisten-orden heraus. Die darin enthaltenen Hausregeln gehen Charles de Foucauld immer noch nicht weit genug, enthal-ten seiner Meinung nach zuviele Kompromisse und Halb-heiten, zuviele Zugeständnisse an die Bequemlichkeit. Es ist ein Schritt in die richtige Richtung, es ist eine Reform, aber die notwendige „De-form" ist es nicht, wobei Charles de Foucauld unter „De-form" den entschiedenen Abschied von den bisherigen Satzungen und Hausregeln und einen radikalen Neuanfang versteht. Wenn die herkömmlichen Orden, unter ihnen die Trappisten, nicht zu diesem Neuan-fang fähig oder bereit sind, dann ist ein neuer Orden unum-gänglich. In einem Brief vom 22.9.1893 an Huvelin skiz-ziert Charles de Foucauld diese neue Gemeinschaft. Die Ordensmitglieder sollen dem Vorbild Jesu Christi nach Möglichkeit in allen Punkten, auch den besonders unbe-quemen, folgen. Sie sollen ihren Lebensunterhalt durch Arbeit, nicht durch Betteln bestreiten. Von dem, was sie durch Arbeit verdienen, dürfen sie nur das Allernotwen-digste für sich behalten, den Rest sollen sie Bedürftigen geben. Streit darf es unter ihnen nicht geben. Eine kompli-zierte Liturgie wäre nicht sinnvoll, da sie Araber, Türken und Armenier nur befremden oder gar abstoßen würde. Hier wird sichtbar, wo Charles de Foucauld das Hauptarbeitsgebiet der geplanten Ordensgemeinschaft sieht: im Vorderen Orient und in Nordafrika, wo im wesentlichen Muslime leben. Den Muslimen, die an sich schon schwer bekehrbar sind, darf man nicht mit komplizierten Riten und feinstgesponnenen theologischen Gedankengängen kommen. In „kleinen Nestern" sollen die Mitglieder des von ihm geplanten Ordens, genauso wie Jesus in Nazaret, still arbeiten und beten und allen, die zu ihnen kommen, Rat und Hilfe geben.

Wie sein großes Vorbild, Teresa von Avila, prüft er gründlich, woher seine Pläne und Ideen kommen. Könnte es nicht sein, so fragt er sich, daß alle seine Überlegungen hinsichtlich eines neuen Ordens eine Art „Teufelsvision" sind? Sollte er nicht doch lieber bei den Trappisten bleiben? Am 2.2.1897 soll er sich für immer an diesen Orden binden. Bis dahin muß er sich also entscheiden. Schließlich sagt er sich: „Wenn die Ordensoberen beschließen, daß ich die bindenden Gelübde ablegen soll, dann sehe ich darin Gottes Willen, und ich werde mich fügen."

Die Ordensoberen wissen nicht so recht, was sie mit ihm machen sollen. Sie wollen ihm eine Probezeit verordnen, so etwas wie eine Prüfung, die Klärung bringen soll. Man teilt ihm mit, er solle etwa zwei Jahre in Rom Theologie studieren, danach werde man weitersehen.

Am 30. Oktober 1896 kommt er in Rom an. Als er die vielen Kutschen sieht, die auf Kunden warten, hat er das Gefühl, in ein Zentrum des feinen Lebens hineingeraten zu sein und nicht an einen Ort, in dem die ersten Christen zu den Ärmsten gehörten. Er fühlt sich unter den jungen Theologiestudenten alles andere als wohl. Am 19. November 1896 notiert er: „Alt, unwissend, ohne Übung im Lateinischen, fällt es mir schwer mitzuhalten. Ich werde in Theologie ein Esel bleiben wie in allem anderen auch."

Der Comte Louis de Foucauld hat ihn in einem Brief gefragt, ob er sich in Rom glücklich fühle. In einem Brief vom 20. November 1896 antwortet Charles de Foucauld, natürlich sei er in der Stadt der Apostelfürsten Petrus und Paulus glücklich, er fühle sich hier nämlich wie ein Pilger, doch dann fügt er hinzu, er warte nur auf den Augenblick, in dem er sich in die Einsamkeit zurückziehen könne, wo es dunkel, verborgen, ganz „niedrig" und einfach sei. Am 22. November 1896 legt er in der Katakombe der heiligen Cäcilia zwei kleine Blumen nieder, eine für sich und eine für einen Mitbruder aus dem Trappistenkloster Staouëli in Nordafrika.

Am 7. Dezember 1896 kommt er wieder auf seine geheimen Hoffnungen zurück. Das Theologie- und Philosophiestudium ist ihm kaum mehr als eine lästige Pflicht. Er glaubt, daß Gott ihn zu einer anderen Aufgabe berufen wird: „Ich sehne mich danach, Ihm auf einem anderen Weg nachzufolgen."

Er will die Studien, so gut er kann, hinter sich bringen, aber er hofft dringend auf „ein anderes Leben".

Die Trappisten merken, daß Charles de Foucauld nicht ihr Mann ist. Der Generalobere der Trappisten überlegt Anfang 1897, was geschehen soll. Am 23. Januar 1897 erklärt er Charles de Foucauld, er sei frei und könne seinen Weg gehen. Gleichzeitig rät er ihm, sich in dieser Angelegenheit an seinen alten Freund und Seelenführer Huvelin zu wenden.

Charles de Foucauld braucht nicht lange zu überlegen, wohin er gehen soll. Bereits am 24. Januar 1897 steht für ihn fest, daß es der Orient sein wird. Aber wo genau? Er hofft, daß Huvelin ihm einen Hinweis geben kann. Eines ist sicher: Er wird verborgen leben, er wird dienen, niemals Herr sein wollen. Am 29. Januar 1897 schreibt Huvelin, er solle Kafarnaum oder Nazaret ins Auge fassen. Er rät ihm davon ab, Gleichgesinnte um sich zu scharen und ihnen Regeln zu geben. Charles soll sein Leben leben, und wenn dann andere kommen, dann solle er nichts reglementieren. Huvelin weiß, daß Charles de Foucauld sich mit anderen schwertut, mehr ein Einzelgänger ist. Am 14. Februar 1897 gelobt Charles seinem Beichtvater, Robert Lescand, keusch und arm zu leben und nur soviel an

Hab und Gut zu besitzen, wie es für einen armen Arbeiter Jesu dringend notwendig ist. Am 17. Februar 1897 macht er sich auf die Reise ins Heilige Land. An die Trappisten wird er sich immer gern erinnern.

Am 5. März 1897 trifft er an dem Ort ein, der ihn schon so lange in Gedanken beschäftigt hat. In Nazaret hat Jesus das Leben geführt, das er, Charles de Foucauld, nachleben möchte: still, gehorsam, unauffällig seine Pflicht tun, sehr einfach leben, arbeiten, beten und für andere dasein, wenn sie zu ihm kommen. Er glaubt diesem Ideal am nächsten zu kommen, wenn er Hausknecht bei den Klarissen in Nazaret wird.

Am 22. März 1897 schreibt er an seine geliebte Cousine Marie, dies sei genau das Leben, das er gesucht habe. Sein liebster Gesprächspartner sei Jesus Christus in der Gestalt des Allerheiligsten in der Kapelle, wo er viele Stunden zubringt. Er schreibt viel in seiner winzigen Behausung und denkt weiter über den Orden nach, den er gründen will. Es soll darin keine Unterscheidung zwischen Priestermönchen und Brüdern geben. Alle sind gleichberechtigte Brüder einer großen Familie. Der Pater Prior (oder Superior) wird sich „Bruder Diener" nennen. Die Niederlassungen sollen so bescheiden wie die ärmlichsten Behausungen in der jeweiligen Umgebung sein. Wenn immer möglich, werden die Brüder zu Fuß gehen. Ist eine Bahnfahrt unumgänglich, dann sollen sie in der niedrigsten Wagenklasse fahren.

Huvelin schreibt ihm zurück, er sei ein wenig erschrocken über diese Radikalität, und er rät ihm, mit Rücksicht auf weniger belastungsfähige Menschen den Bogen nicht zu überspannen.

Die Klarissen fordern ihn auf, kleine Andachtsbilder zu malen, die sie Pilgern und anderen Gläubigen in die Hand drücken. Er gehorcht. In vermischten Notizen zum geistlichen Leben, die er zwischen 1897 und 1900 niederschreibt, äußert er wiederholt, man müsse bei allem, was man tun wolle, fragen: Was hätte Christus in diesem Fall getan? Wie hätte *er* sich entschieden? Er schreibt weiter, er suche stets den allerletzten, geringsten, verachtetsten Platz, und er will sich mit dem kleinen Jesus in Nazaret klein machen, so daß er überhaupt nicht mehr auffällt. In geistlichen Übungen, die er ganz für sich allein abhält, versucht er sich über sich selber klarzuwerden, und er orientiert sich dabei an großen Vorbildern. Außer an Teresa von Avila denkt er zu der Zeit viel über die biblische Maria Magdalena nach, die nach einem lockeren, zügellosen Leben den Weg zu Jesus findet und wieder ganz von vorne anfängt. Er möchte zudem als Franzose an die Stichhaltigkeit der alten französischen Überlieferung glauben, wonach Maria Magdalena nach den ersten Christenverfolgungen in Palästina (Apostelgeschichte 8,1–4) mit anderen Christen in die Provence flüchtete, Einsiedlerin in der „heiligen Grotte" und später Schutzheilige Frankreichs wurde. Dies zeigt wiederum, daß Charles de Foucauld, wie viele andere religiöse Figuren, sein Leben stark an Vorbildern ausrichtet. Zugleich wird deutlich, daß er sich stets als Angehöriger der Kulturnation Frankreich fühlt. Er hat sich nämlich nur in solchen Gebieten bewegt oder niedergelassen, in denen Frankreich politisch oder kulturell tonangebend war. So verwundert auch nicht, daß er im Ersten Weltkrieg, den damals vorherrschenden Propagandasprüchen folgend, Frankreich, zu Recht oder zu Unrecht, als die Nation preist, welche „in dem gegenwärtigen Krieg die Welt und die zukünftigen Generationen verteidigt" (Eintragung vom Januar 1916).

Die Nächte in Nazaret findet er besonders schön. Wenn die anderen schlafen, unterhält er sich unter dem Sternenhimmel mit Gott, oder er kniet stundenlang vor dem Allerheiligsten. In solchen Augenblicken hat er das beglückende Gefühl, er verliere sich in der Unermeßlichkeit Gottes. Es kommt dann auch immer wieder der Wunsch nach dem Sterben hoch. Am liebsten möchte er einen blutigen Märtyrertod leiden. Diese Todessehnsucht wird ihn sein ganzes Leben nicht mehr verlassen.

Zugleich entfernt er sich immer entschiedener von den

Wertvorstellungn und Lebensformen der Bürger, die auf Vornehmheit, Reichtum, soziale Stellung, Wissen, Intelligenz, Auszeichnungen und feine Umgangsformen Wert legen und so an dem vorbeileben, was in dem Wort *Nazaret* zusammengefaßt ist.

Er bemüht sich, im Geist von *Nazaret* zu leben. Er macht Botengänge für das Kloster und erfüllt gewissenhaft die kleinsten Pflichten. Er schläft nur fünfeinhalb Stunden. Die übrige Zeit gehört der Arbeit, der Meditation und dem Gebet. Er hat keine Uhr. Er ißt nur einmal am Tag. Zwar äße er gern mehr, aber er will Verzicht üben. Zur Buße geißelt er sich auch. Bei alldem hat er immer das Gefühl, ein miserabler Christ zu sein. Er sagt, er sei lau und bete schlecht, er denke zuviel an sich selber und zu wenig an andere Menschen. Er fühlt, so glaubt er, zu wenig Reue über sein früheres chaotisches Leben, und er ist Gott und guten Menschen nicht eigentlich dankbar für all das, was sie für ihn getan haben und noch immer für ihn tun. Ununterbrochen denkt er an den Orden, den er gründen möchte, aber, so fragt er sich, ist er der richtige Motor und Kopf einer Ordensgemeinschaft? Ihm fehlen Autorität, Festigkeit und sicheres Urteil. Auch verfügt er nicht über Scharfsinn und die notwendige Erfahrung im Umgang mit Menschen. Nicht zuletzt aus diesen Zweifeln wächst auch sein Mißtrauen gegenüber allem Schreiben, aller Schriftstellerei, allem Spiel mit Worten und Gedanken. Er hat das Gefühl, daß das Schreiben ihn vom eigentlichen Leben abdrängt. Bücher, Tinte und Papier trennen ihn von der Alltagserfahrung und von den Mitmenschen, und er kommt sich vor wie Ciceros Philosophen, die am Rand des Marktplatzes stehen, während die anderen mitten auf dem Marktplatz sind und wirklich leben. Er kommt zu dem Schluß, es sei weitaus besser, den Rosenkranz zu beten, als in einer Art geistiger Selbstbefriedigung und Weltflucht wohldurchdachte Gedanken fein säuberlich zu Papier zu bringen.

Diese Spannung zwischen Geist und Leben ist kein rein persönliches Problem Charles de Foucaulds. Dieses

Thema beschäftigt um die Jahrhundertwende viele Schriftsteller. Thomas Mann hat es in seiner Novelle *Tonio Kröger* (1903) exemplarisch dargestellt: Tonio Kröger, in dessen Namen der Gegensatz zwischen dem Künstler, dem leicht Exotischen (Tonio), und dem lebenstüchtigen Bürger (Kröger) bereits anklingt, leidet darunter, daß er am eigentlichen Leben unbeteiligt ist und gleichsam am Rand steht. Er bleibt Künstler, Betrachter des Lebens, aber seine „tiefste und verstohlenste Liebe gehört den Blonden und Blauäugigen, den hellen Lebendigen, den Glücklichen, Liebenswürdigen und Gewöhnlichen".

Wie weit Charles de Foucauld von den „Lebendigen", den Aktiven und Welttüchtigen entfernt ist, wird ihm besonders deutlich, als er bei einem Besuch im Süden, in Jerusalem, Mutter Elisabeth, die Priorin des dortigen Klarissenklosters, kennenlernt. Sie ist resolut, realistisch und erinnert ihn an Teresa von Avila, die einen „eiskalten Kopf und ein feuriges Herz" besaß. Mutter Elisabeth hat schon drei Klöster gegründet. Sie sucht einen Helfer und glaubt, Bruder Charles, wie er jetzt heißt, sei der richtige Mann. Sie sorgt dafür, daß er vorübergehend von Nazaret nach Jerusalem übersiedelt. Hier im Klarissenkloster sitzt er dann meistens an der Pforte, oder er malt Andachtsbildchen wie in Nazaret. Er trägt eine blaue Hose aus rauhem Stoff, einen blau-weiß gestreiften Kittel und eine weiße Mütze. Er wohnt in einem Bretterverschlag, in dem Gartengeräte herumstehen. Hier hat er die Einfachheit und die Ruhe, die er so sehr schätzt, und er hat einen wundervollen Ausblick. Das Kloster liegt 2 km von Jerusalem entfernt an der Straße nach Betanien am Cédron-Bach. Charles de Foucauld blickt auf den Ölberg. In der Ferne sieht er die Berge von Edom und Moab wie eine „dunkle Mauer". Der Ausblick ist „wunderschön", wie er sich ausdrückt. In seinen freien Stunden hängt er weiter Gedanken nach, die ihn schon in Nazaret und früher beschäftigt haben. Er will sein beschauliches Alleinsein nicht nur für sich selbst genießen, er möchte arbeiten und kämpfen, doch dann hat er gleich wieder das

Bedürfnis, in Jesus „verloren, versunken und begraben zu sein", dies „zwischen Maria und Josef".

Eines Tages bittet die Priorin Bruder Charles zu einem Gespräch. Sie hat kein theologisches Problem. Sie hat Naheliegendes im Sinn. Sie rät ihm ohne Umschweife, seine blaue Hose und den blau-weiß gestreiften Kittel abzulegen und eine Kutte mit einer Kapuze zu tragen. Vermutlich erscheint ihr Bruder Charles in seiner malerischen Arbeitskleidung zu schäbig und zigeunerhaft. Er sagt, in einer Kutte mit Kapuze sehe er vermutlich wie ein Ordensgeneral aus. Mutter Elisabeth sieht das ganz anders und kommt zum nächsten Punkt. Warum wird er nicht Priester? Er antwortet, er bleibe lieber auf dem allerletzten Platz. Die Priorin hat Hintergedanken: Er soll Hauskaplan auf Lebenszeit werden, entweder in Jerusalem oder in Nazaret. Etwa in einem Jahr könne er zum Priester geweiht werden. Bruder Charles erwidert, zum Priesteramt müsse einen Gott berufen. Der Hinweis eines Menschen reiche da nicht aus. Er sei im übrigen nicht würdig, die Messe zu feiern. Das sei alles wie ein „ferner Traum".

Für solche Überlegungen hat die praktisch eingestellte Priorin kein Verständnis und auch keine Zeit. Sie kontert mit dem Hinweis, er sei, soweit sie wisse, schon 40 Jahre alt. „Wie lange wollen Sie denn noch warten?" fragt sie ihn, „bis Sie sich entschließen, was Sie letztendlich tun wollen? Wenn man warten will, bis man sich ohne jeden Zweifel zu etwas berufen oder befähigt fühlt, dann tut man am Ende gar nichts." Soweit die Priorin.

Bruder Charles rückt unbehaglich auf seinem Stuhl hin und her. Als die Priorin sieht, daß sie ihre Zeit verschwendet, sagt sie kurz, er solle sich das noch einmal überlegen und Huvelin um seine Meinung fragen.

Tatsächlich schreibt er an Huvelin, doch sind seine Gedanken nicht die Gedanken der wackeren Priorin. Er hat mit seinem Seelenführer anderes zu besprechen. Er teilt ihm mit, er werde keinen Orden gründen, doch dann räumt er ein, er müsse immerzu an diesen Orden denken, und nennt wieder die Charakteristika dieser neuen Ordensgemeinschaft: klein, ganz klein wie Christengemeinden der Frühzeit, ohne jedes Zeremoniell.

In diese Zukunftsgedanken mischen sich in der zweiten Jahreshälfte 1899 erneut Mutlosigkeit und Todessehnsucht. Charles de Foucauld hat das Gefühl, er sei innerlich verdorrt und der Teufel habe in ihm seine Zelte aufgeschlagen. In einem vertraulichen Brief an seine Schwester Marie vom 21. 7. 1899 bezeichnet er das Leben, einer barocken spanischen Vorstellung entsprechend, als „Träume einer Nacht", die wir in einer „Herberge" verbringen, und diese „Träume" werden seiner Meinung nach keine Spuren hinterlassen. Sie verwehen. Irgendwo.

Am 13. 10. 1899 schreibt er, er sei jetzt 41 Jahre alt und glücklich, daß sein Körper der Auflösung entgegengehe und das Ende der Pilgerfahrt nahe sei. Man darf solche Formulierungen nicht wörtlich nehmen. Hier, wie so oft, verwendet Charles de Foucauld Redewendungen aus der Bibel – in diesem Fall Psalm 89 (90) –, und bei der Beschreibung seines Seelenzustands übernimmt er auch Vorstellungen Teresa von Avilas, wobei man bedenken muß, daß Teresa sich ihrerseits in Rahmen und Bildvorstellungen bewegt, die sie von anderen, beispielsweise von Augustinus, übernommen hat. Auch Heilige sind bis zu einem gewissen Grad kulturell konditioniert, und ihr Rang bemißt sich nicht zuletzt danach, wieweit sie über die vorgegebenen Rahmen, Verhaltens- und Vorstellungsmuster hinauszugehen bereit und in der Lage waren.

Bei Teresa von Avila ist dies die Verlegung der Begegnung mit Gott in das Innere, die „Seelenburg" des einzelnen Menschen. Zu ihrer Zeit erkennt man, daß das Universum unendlich, unfaßbar groß ist. Da hat die überkommene Vorstellung von einem Gotteshimmel direkt über der Menschenwelt keine Anhaltspunkte mehr. Wenn man nun das Gefühl hat, man könne Gott nicht an bestimmten, uns erreichbaren und sichtbaren Orten finden, dann muß man ihn im eigenen Seelengrund finden. Dieser innerliche Ort der Gottesbegegnung ist von jeder Veränderung unserer Vorstellung vom Universum unabhängig.

Bei Charles de Foucauld ist das Neue, Vorwärtsweisende die nachhaltige Einbringung der Vorstellung *klein, so klein wie möglich* in die religiöse Mentalität seiner Zeit. Heute, nach langen, leidvollen Erfahrungen mit einem ungebundenen Fortschritt, erscheinen uns Formeln wie Small is beautiful, d. h. klein ist schön, oder Minimal Art, d. i. eine ursprüngliche amerikanische Kunstrichtung, die Formen und Farben auf die einfachsten Elemente reduziert, nicht mehr so revolutionär. Zur Zeit Charles de Foucaulds dagegen war die Betonung des Kleinen, Schlichten, Unauffälligen geradezu ein Ärgernis, denn damals war alles ungehemmt auf Ausdehnung und Vergrößerung ausgerichtet: 1889 baute Gustave Eiffel für die Pariser Weltausstellung den Eiffelturm, der längere Zeit das höchste Bauwerk der Erde war. Die Pariser Weltausstellung zieht 28 Millionen Besucher an. Im selben Jahr besteigen Meyer und Purtscheller als erste den 5968 m hohen Kilimandscharo. 1894 gründet Baron de Coubertin ein Komitee für die Wiederbelebung der Olympischen Spiele. Seitdem lautet die Devise im Sport: höher, weiter, schneller. 1897 erringt das erste deutsche Schiff das „Blaue Band" für schnelles Fahren. Um 1900 trägt die modebewußte Dame schwere, dunkelfarbige Stoffe. Kleider, Decken und Kissen sind mit Quasten und Stickereien verziert. Frauen tragen Schleppen und Cul de Paris und natürlich Spitzen und Perlen. Die Wohnzimmer sind mit Möbeln, Teppichen, Gardinen und Nippeszeug überladen.

Dagegen setzt Charles de Foucauld sein *klein, kleiner, noch kleiner*. In einem Brief vom 13.10.1899 warnt er seine Schwester Marie vor unnötigen Ausgaben, vor äußerlicher Betriebsamkeit, vor Eitelkeit und Gefallsucht. Er bittet sie, anderen kein schlechtes Beispiel zu geben und sich vor einer Lebensweise zu hüten, die der Vernunft und den Prinzipien des Christentums widerspricht. Wichtiger, als die Kinder jeweils nach der neuesten Mode zu kleiden, ist seiner Meinung nach, ihnen gute Bücher zu kaufen und ihnen klarzumachen, daß man nicht in dem Maß glücklicher wird, in dem man Geld und Sachgüter anhäuft.

Keine ängstliche Unruhe, keine Großmannssucht, kein gnadenloser Wettbewerb! Was man nicht unbedingt zum Leben braucht, soll man den Armen geben, mahnt Charles seine Schwester eindringlich.

Wir wissen nicht, ob er ein berühmtes französisches Gemälde, Gustave Courbets *Begräbnis in Ornans* (1850) gesehen hat. Dieses Bild erklärt auf einfache, packende Weise, warum so viele Zeitgenossen Charles de Foucaulds den Luxus und das irdische Vergnügen suchten. Courbets Bild ist in die Breite gezogen. Keine Figur reicht über den Horizont hinaus. Etliche Trauergäste stehen abgewandt oder gleichgültig da. Sterben und Beerdigtwerden scheinen für sie nur noch rein irdische Vorgänge zu sein, die man „abwickelt" wie andere Tätigkeiten auch. Ein Jenseits ist auf dem in braun-gelben, erdigen Tönen gemalten Bild nicht auszumachen. Der Mensch lebt und stirbt wie eine Pflanze oder ein Tier. Er hofft nicht auf ein anderes, ewiges Leben. Wenn aber das irdische Leben das einzige Leben ist, dann muß man es, so gut man kann, genießen.

Mithin ist ein ursächlicher Zusammenhang zwischen dem Verlust an Religiosität und einem aufwendigen Lebensstil erkennbar. Charles de Foucauld wird noch häufig die Erfahrung machen müssen, daß Menschen, die im Wohlstand leben, für den Glauben nur sehr schwer oder gar nicht mehr zu gewinnen sind.

Anfang 1900 versucht er, aus seinem quälenden „Zwischenzustand" herauszukommen. Am 26.4.1900 überrascht er Huvelin mit der Absicht, den zum Verkauf angebotenen Berg der Seligpreisungen zu erwerben und oben eine Klause zu bauen. Er könnte, so schreibt er, diese Klause oder Einsiedelei den Franziskanern überlassen oder selber Priester werden und dort als Einsiedlerpriester Zeugnis geben von der Frohbotschaft Christi. Auf einem so einsamen Berg muß der Glaube stark sein. Es gibt nämlich Feinde von innen (Versuchungen) und Feinde von außen (Räuber, Christenfeinde). Unten im Klarissenkloster lebt er in relativer Sicherheit und „im Überfluß", dort oben auf dem Berg der Seligpreisungen könnte er zeigen, wie stark sein Glaube ist. Er bittet Huvelin, ihm zu schreiben, was er von der Sache hält.

Die Priorin des Klarissenklosters, die handfeste Aktivitäten mag, rät ihm, den Berg zu kaufen und so rasch wie möglich nach Rom zu reisen, um das Notwendige in die Wege zu leiten. Huvelin hat ihm geschrieben, das sei wohl nicht das Richtige für ihn. Er sei kein Geschäftsmann, und deshalb solle er so schnell wie möglich in das Klarissenkloster in Nazaret zurückkehren. Huvelin glaubt, es gebe für Charles de Foucauld nur eine Art, das innere Gleichgewicht zu finden und zu halten, und das ist der Rückzug aus der lauten, geschäftigen Welt in die Stille des Klosters. In der Klosterzelle, so Huvelin, sei Charles am besten aufgehoben.

Charles de Foucauld gibt den Gedanken an den Kauf des Berges auf. Aber bei den Klarissen möchte er nicht bleiben. Dort sitzt er „wie der Vogel im Hanfsamen", dort lebt er sorglos und bequem. Das will er aber nicht. Das Beste wäre, er würde in die Wüste gehen, nicht nur weil er sie als Soldat und Forscher kennen- und liebengelernt hat, sondern vor allem deshalb, weil sie streng und still ist. Doch in welche Wüste soll er gehen?

Im Heiligen Land, sollte man meinen, hat Charles de Foucauld endlich den lange gesuchten Punkt gefunden: die möglichst getreue Nachahmung des Lebens Jesu an den ursprünglichen historischen Stätten. Aber schon bald melden sich Zweifel. Indem er Jesus anspricht, versucht er sich über seine Liebe zum Heiligen Land klarzuwerden und kommt dabei zu folgender nüchterner Erkenntnis: Es ist gut und schön, all die Stätten zu sehen und mit den Händen zu berühren, wo Jesus während seines irdischen Lebens körperlich anwesend war. Aber was ist das anders, als tote Steine zu verehren und Standbilder zu betasten? Wäre es da nicht sinnvoller, den lebendigen Gott im Tabernakel zu verehren? Ehrwürdige Steine mit Andacht betrachten: ist das nicht so, als zöge man das Bild dem wirklichen, lebendigen Menschen vor?

Charles de Foucauld spürt, wieviel Zivilisationsflucht und

Ruinenromantik in seinem Hang zum Heiligen Land versteckt ist. Er mag auch geahnt haben, wie er in einer Bewegung mitschwimmt, die von Zeit zu Zeit durch Frankreich geht. Zur Zeit des Sonnenkönigs Ludwig XIV. (1643–1715), als der höfische Lebensstil allzu künstlich und unnatürlich wurde, gingen die Höflinge mit ihren Damen nachts auf das Land und träumten sich in den von den Schäfern geräumten Hütten in eine vermeintlich natürliche, einfache, ländliche Zeit zurück. Nach dem nächtlichen Ausflug kehrten sie dann nicht ungern in die Zivilisation zurück.

Auch zu der Zeit, als Charles de Foucauld im Heiligen Land ist, gibt es diesen Überdruß an der Zivilisation und dem verstädterten Leben. So hat beispielsweise Paul Gauguin (1848–1903) 1895 Europa, einer Karriere als Bankkaufmann und seiner Familie endlich den Rücken gekehrt und lebt bis zu seinem Lebensende unter den Eingeborenen Tahitis in der Südsee. Er war der Ansicht, die westliche Zivilisation habe den ursprünglich paradiesischen Zustand der menschlichen Gesellschaft zerstört. Spuren davon gebe es nur noch in primitiven Stämmen weitab vom europäischen Kulturbetrieb. Daß er in der Südsee dieses Paradies nicht fand, wie wir aus seinen Briefen wissen, ist hier nicht von Bedeutung. Es spielt hier auch keine Rolle, daß er die eingeborenen Frauen auf seinen Bildern sehr oft nach antiken europäischen Mustern gruppiert und sie nicht selten so darstellt, wie ein verwöhnter Pariser sie dargestellt haben wollte. Entscheidend ist hier vielmehr das Gefühl, daß das Alte brüchig geworden ist und etwas Neues an seine Stelle treten müßte. Gauguin wird gespürt haben, daß der gar nicht mehr so primitive „Primitivismus" abseits gelegener, nur scheinbar einfacher Gesellschaften nicht dieses Neue war. Der Aufenthalt in der Südsee stieß ihn aber auf eine entscheidende Lebens- und Kraftquelle, die für die Kunst und Kultur unserer Zeit von entscheidender Bedeutung werden sollte: das Unterbewußte, die Welt der Tag- und Nachtträume, der innere Blick. Gauguin hat diesen Ort im Innern „das geheimnis-

volle Zwerchfell" genannt, den wichtigsten „geistigen"
Atemmuskel. Wichtig an diesem Bild ist, daß dieser
Atemmuskel im Innern jedes einzelnen sitzt und daß hier
keine äußeren Stützen und Anstöße mehr nötig sind.

Im Heiligen Land ist Charles de Foucauld buchstäblich
von solchen äußeren Stützen und Haltepunkten umgeben:
beinahe jeder Ort und jeder Stein erinnert an den leib-
lichen Jesus Christus. Er mag zunehmend gespürt haben,
wieviel von einem magischen Rest, von frommem Reli-
quienkult in seiner Religiosität verborgen war. Müßte er
nicht versuchen, diese Stützen beiseitezulegen und ganz
auf eigenen Beinen zu stehen? (So wie die wesentlichen
Künstler nach Gauguin sich nicht mehr an den äußeren
Naturgegebenheiten, sondern an Hinweisen und Formge-
bungen aus dem eigenen Innern orientieren.) Wäre
Charles de Foucauld im Heiligen Land stehen- oder hän-
gengeblieben, er wäre kaum aus dem Rahmen der damals
verbreiteten Zivilisationsflucht herausgetreten. Daß er
dort nicht stehenbleibt, macht ihn zu einer vorwärtswei-
senden, vorbildlichen Figur unseres Jahrhunderts.

Mit dem Gedanken, daß er sich aus einer altertumsge-
stützten Religiosität befreien muß, macht er sich auf den
Weg nach Frankreich, um sich dort zum Priester weihen
zu lassen. Obwohl er den Trappistenorden verlassen hat,
unterhält er freundschaftliche Beziehungen zu einzelnen
Trappisten. Deshalb begibt er sich nach seiner Landung in
Marseille am 16. 8. 1900 sofort zur Trappistenniederlassung Notre Dame des Neiges. Man gibt ihm eine Zelle, die
an die Kapelle anstößt. Die ganze Nacht vor dem neuen
Jahr 1901 kniet er vor dem Allerheiligsten, um sich Klarheit über seinen zukünftigen Weg zu verschaffen. Am
23. 3. 1901 wird er zum Diakon geweiht. Seine Zukunfts-
pläne nehmen festere Gestalt an. Er wird nicht mehr ins
Heilige Land zurückkehren, sondern in die Sahara gehen,
die er von seiner Militärzeit und von seinen Forschungsreisen her kennt. Er will dorthin gehen, weil es in der riesigen Wüste so gut wie keine Priester gibt. Er will nicht
dorthin gehen, wo das Land „am heiligsten" ist, sondern

wo die Seelen in größter Einsamkeit und Bedrängnis sind. Er denkt dabei sowohl an die Wüstenbewohner als auch an die dort stationierten französischen Soldaten, die so gut wie keine geistliche Betreuung haben und von denen die meisten ohne priesterlichen Beistand sterben müssen. In der Wüste gibt es keine Spuren von Zeugnissen christlichen Glaubens und der Geschichte des Christentums. Dort muß Charles de Foucauld auf die Annehmlichkeiten europäischer Kultur verzichten. Bibliotheken, Museen, Konzerte, Gespräche mit feinsinnigen Menschen, kurz: „Kulturkatholizismus" gibt es in der Wüste nicht. Ob er das auf die Dauer aushält?

Mit gewohnter Gründlichkeit befragt er sich während der Exerzitien vor der endgültigen Priesterweihe nach den Gründen und wahrscheinlichen Folgen seiner Entscheidung, und er überdenkt die Mittel und die Möglichkeiten seiner zukünftigen Tätigkeit.

Am 9. 6. 1901 wird er in Viviers zum Priester geweiht. Die Weihe wird von Montety, einem ehemaligen Missionar im Iran, vorgenommen. Von Viviers kehrt er nach Notre Dame des Neiges zurück und bereitet sich im Gebet vor dem Tabernakel auf seine erste Messe vor. Am 6. 9. 1901 bricht er nach Algerien auf, das französische Kolonie ist. In Algier trifft er mit dem Apostolischen Präfekten für die Sahara, Guérin, zusammen. Dieser sagt ihm, er solle den zerstreuten Muslimen in der Wüste die Frohbotschaft Jesu verkünden und den französischen Soldaten geistlichen Beistand leisten. Er fordert ihn auf, nach Beni-Abbès zu reisen. Dies ist eine Oase nicht weit von der marokkanischen Grenze. Dieser Standort ist Charles de Foucauld sehr gelegen, denn er möchte vor allem dem Land, das er als junger Mann erforscht hat, das Evangelium bringen, und dafür ist Beni-Abbès ein günstiger Ausgangspunkt. Am 15. 10. 1901 fährt er mit dem Zug bis Ain-Sefra. Dort endet die Bahnstrecke. Zu Pferd geht es weiter nach Beni-Abbès. Auf dem Weg dahin, in Taghit, feiert er die Messe. Er, Charles de Foucauld, hat Jesus in der Gestalt des Allerheiligsten an Orte gebracht, wo er, Jesus, leiblich nicht gewesen ist. Das ist mehr, als Messen an Orten feiern, die durch die leibliche Gegenwart Jesu vor fast 2000 Jahren gleichsam geheiligt sind. Er hält sich nicht mehr an heiligen Stätten wie an Mutters Schürzenbändeln fest. Natürlich ist in solchen Gedanken auch etwas von der Entdeckermentalität jener Jahre. Man denke nur an den Wettlauf verschiedenster Forscher zum Nord- und Südpol und an ihren Ehrgeiz, die Fahne ihrer Nationen als erste aufzupflanzen, und man erinnere sich, mit welcher Aufmerksamkeit die europäische Öffentlichkeit damals die Entdeckungsreisen beispielsweise Livingstones und Stanleys, Nachtigalls und Emin Paschas in Afrika verfolgte.

Kein Echo

Stichwort: Der weiße Mann in Afrika

Grobbild: *Charles Darwin (1809–1882) hatte in seiner Arbeit über* Die Entstehung der Arten durch natürliche Zuchtwahl *(1859) unter anderem ausgeführt, eine Überproduktion an Nachkommen führe zur natürlichen Auslese (Selektion) starker, lebensfähiger Arten. Daraus schlossen Ideologen, wie beispielsweise der französische Diplomat Joseph Arthur Graf von Gobineau, (1816–1882), in ungerechtfertigter Übertragung naturwissenschaftlicher Forschungsergebnisse und Theorien auf geschichts- und sozialphilosophische Bereiche, einige Rassen seien besser und stärker als andere. In seinem Essay* Die Ungleichheit der menschlichen Rassen *(1853–1855) bezeichnete er die „Arier" als angebliche Elite-Rasse. Daraus schlossen viele Zeitgenossen, dies berechtige, ja verpflichte die „Arier" dazu, „minderwertige" Rassen, vor allem in Übersee, zu beherrschen und zu „zivilisieren".*
Damit verbanden sich wirtschaftliche und politische Interessen der europäischen Großmächte. Im letzten Viertel des 19. Jahrhunderts werden in etlichen Wirtschaftszweigen mehr Waren produziert, als abgesetzt werden können. Daher müssen in Übersee neue Märkte erschlossen werden. Damit die „Wilden" in Afrika und Asien diese Waren auch kaufen, müssen sie so schnell wie möglich „europäisiert" werden. Auch kann man aus den sogenannten überseeischen Kolonien billige Rohstoffe holen und Kapital, das in Europa nur noch schwer zu investieren ist, in Übersee gewinnbringend anlegen. Hinzu kommen machtpolitische und strategische Großmachtinteressen. Aus militärischen Gründen und des bloßen politischen Prestiges wegen werden auch solche Gebiete besetzt, die nur geringen oder gar keinen wirtschaftlichen Gewinn versprechen.
Feinbild: *Neuere Untersuchungen, etwa L. Davis und R.*

Huttenback, Mammon and the Pursuit of Empire: The political economy of British Imperialism, 1860–1912, *1987, oder Basil Davidson*, The Story of Africa, *1986, haben nachgewiesen, daß vor allem die wirtschaftlichen Aspekte des oben gezeichneten Grobbilds falsch gesehen wurden und zum Teil noch immer falsch gesehen werden.*

Auf den Landkarten der damaligen Zeit machten sich riesige Kolonialgebiete imposant aus. Sie konnten von den Kolonialherren aber deshalb verhältnismäßig leicht besetzt werden, weil der Großteil dieser Gebiete nichts wert war und die Afrikaner selber deshalb wenig Interesse daran hatten.

Unsere Einschätzung der wirtschaftlichen Seite europäischer Kolonialpolitik in Afrika wird immer noch von einer Industrie bestimmt und zugleich verzerrt, der Bergwerksindustrie: Gold und Diamanten in Südafrika und Kupfer in Katanga. In diesen Industrien wurde freilich Geld von wenigen gemacht, doch so gut wie alle anderen Wirtschaftszweige warfen wenig ab, und auch der Handel zwischen Mutterland und Kolonien brachte nicht den erhofften Gewinn: 1913 kamen nur 9,82% der Einfuhren Frankreichs aus den französischen Kolonien, im selben Jahr gingen nur 10,92% der Ausfuhren Frankreichs in die Kolonialgebiete. Genauso wie die Briten investierten die Franzosen weitaus mehr Geld in anderen Ländern als in den Kolonien. Von 1843 bis 1910 gingen ⅔ aller Auswanderer Großbritanniens in Länder außerhalb des British Empire. Ähnliches gilt für Frankreich. Als sich nach dem Zweiten Weltkrieg Algerien von Frankreich löste, war der größte Teil der nicht-algerischen Siedler, die sich einer solchen Entwicklung widersetzten, nicht französischer Nationalität. Man kann also sagen, daß die Entwicklung der Kolonialpolitik nicht ganz so eng mit blanker, allgemeiner Profitsucht einherging, wie man bisher angenommen hat. Die Profite flossen nur in wenige Taschen. Die Mehrheit der Kolonisatoren dagegen sah in den Kolonien offensichtlich nicht das große Geschäft.

Es muß noch auf einen wichtigen Unterschied zwischen

britischer und französischer Kolonialpolitik hingewiesen werden. Die Briten herrschten in den Kolonien eher indirekt (indirect rule). Sie suchten sich eingeborene Stammesfürsten, Häuptlinge und Könige als Mittelsmänner, die die Vorstellungen der Kolonialherren an der Basis durchsetzten. So war die Distanz zwischen den Kolonisatoren und den Kolonisierten verhältnismäßig groß. Anders die Franzosen. Jeder Eingeborene in den Kolonien war französischer Bürger, und bei aller Brutalität einzelner französischer Kolonisatoren gab es auch in den Kolonien eine Tradition republikanischer Gleichheit, die Menschen aller Farben eine Erziehung und eine Chance zu geben versuchte.

Der französische Offizier, der ihn begrüßt, sagt zu seiner muslimischen Eskorte: „Ihr seht einen Marabout aus Frankreich vor euch. Erweist ihm die gebührende Ehre." Das Wort Marabout bezeichnet einen muslimischen Einsiedler und Asketen. Die 15 Soldaten verneigen sich vor dem französischen „Marabout". Die Bezeichnung „Marabout" wird Charles de Foucauld gefallen haben, denn er will Brücken schlagen zwischen den Muslimen und den Christen, die Verneigung wird ihn dagegen weniger gefreut haben, denn er fühlt sich nicht als Werkzeug der Kolonialmacht Frankreich in Algerien. Am 29. 10. 1901 feiert er die erste Messe in Beni-Abbès. Er beginnt sofort mit dem Bau einer primitiven Einsiedelei. Am 30. 11. 1901 ist die kleine Kapelle fertig. Am 1. 12. 1901, auf den Tag genau 15 Jahre vor seinem Tod, liest er in dieser Kapelle die erste Messe. Die Naturszenerie ist grandios: Felsen wie Kathedralen, unendliche Wüste. Charles de Foucauld schätzt vor allem die Stille, die ihn hier umgibt, und er bedauert die Menschen, die diese Stille nie kennengelernt haben. Er fühlt sich stark genug, diese ununterbrochene Stille und Einsamkeit aushalten zu können; er kann sich vor dem Tabernakel mit Gott unterhalten. Aber was ist mit den Wüstenbewohnern, die er gelegentlich sieht und die auch zu ihm kommen, um sich ein Almosen zu holen oder von ihm ärztlich behandelt zu werden? In einem Brief an seinen Freund Henri de Castries vom November 1902 schreibt er, diese Menschen litten spürbar an Traurigkeit über die Erde und über ihre Existenz. Er wolle sie an der Freude teilhaben lassen, welche die Botschaft Jesu Christi bringe. Während er die Wäsche der Armen wäscht und auch die Räume putzt, in denen Wüstenbewohner bei ihm Unterkunft gefunden haben, während er für andere kocht und flickt, denkt er weiter über die Gründung einer Ordensfamilie nach. Die Gemeinschaft soll *Kleine Brüder vom Heiligen Herzen Jesu* heißen und nach der Regel der Augustiner leben. Sie sollen abwechselnd Tag und Nacht vor dem Tabernakel beten und in Armut und Einsamkeit in schwierigsten Missionsländern arbeiten und vor allem durch ihr Beispiel das Evangelium verkünden. Es sollen kleine, arme Gemeinschaften sein, unauffällig im Alltag, tätig wie die Heilige Familie in Nazaret.

Im April 1902 kauft er ein etwa neun Hektar großes Stück Land. Palmen und Obstbäume und das, was man dort im Garten ziehen kann, können zwischen 20 und 30 Brüder ernähren, wenn sie fleißig sind. Von der Einsiedelei aus kann man Beni-Abbès nicht sehen. Das ist gut, sagt Charles de Foucauld, denn so gibt es keine Ablenkung für die klösterliche Gemeinschaft. Diese Gemeinschaft soll dann Laienmissionare anziehen, vor allem Landwirte und Kaufleute. Diese sollen durch ihre Arbeit mit den andersgläubigen Wüstenbewohnern in Verbindung treten und durch ihr vorbildliches Leben unauffällige Botschafter des christlichen Glaubens sein. Was diese Laienmissionare vorbereiten, das können dann die Priestermissionare vollenden und befestigen. Zumindest die äußeren Bedingungen sind in Beni-Abbès für einen solchen Anfang günstig. 6000 Palmen stehen dort, und in großen Gärten kann man bei geschickter Bodennutzung viel Gemüse und Früchte anbauen. Die unermeßliche Weite der Wüste und des Himmels läßt einen Menschen leicht an die Grenzenlosigkeit Gottes denken.

Die Bewohner der Oase sind froh über die Anwesenheit der drei französischen Kompanien, denn jetzt kommen die nomadisierenden Doui Menia nicht mehr, um zu plündern und ihnen die gesamte Ernte abzunehmen.

Charles de Foucauld ist gekommen, um die Wüstenbewohner aus ihrer „Nacht" und ihrer „Schwermut" herauszuholen und froh zu machen. Doch nicht selten wird er selber von bodenloser Traurigkeit erfaßt, während die Wüstenbewohner gleichmütig ihrer Arbeit nachgehen. In einem Brief vom 13. 12. 1902 an Huvelin schreibt er über seine Aktivitäten und Gefühle zu der Zeit: Weiter kommen Hilfsbedürftige zu ihm, aber er ist mit sich nicht zufrieden. Er hat das Gefühl, er bete zu wenig, er sei den anderen gegenüber zu lau, er sei faul und esse zuviel. Er schläft sofort ein und treibt keine gründliche Gewissenserforschung. 10 Millionen Marokkaner sind ohne geistlichen Trost, und niemand in der Welt kommt zu ihm, um mit ihm gemeinsam das Evangelium in Marokko zu verkündigen. Er scheint zunehmend unter seinem Alleinsein zu leiden; er ist ratlos. Er ist ein Ordensgründer ohne Orden, ohne ein einziges Ordensmitglied – das ist eine paradoxe Situation. Er macht immer neue Pläne für eine Gemeinschaft der Kleinen Brüder vom Herzen Jesu, aber nicht ein einziger Bruder ist bei ihm. Charles de Foucauld tut alle Arbeit selber, er lehnt jede Hilfe aus der nahen französischen Garnison ab. Er denkt in solchen Augenblicken häufig an den Tod, der ihn plötzlich überraschen könnte. Der Märtyrertod, so spürt man, käme ihm vielleicht nicht ungelegen, denn was nutzt es, immerfort Pläne zu schmieden, die man, wenn überhaupt, nur mit gut motivierten, beherzten Brüdern verwirklichen könnte.

Dennoch macht er weiter Pläne. Die Missionierung Marokkos ist nach wie vor sein vorherrschender Gedanke. Diese ist von Beni-Abbès aus leichter, denn die Stämme an der marokkanischen Grenze sind weniger feindselig als die weiter im Landesinnern. Es kommen gelegentlich Marokkaner über die Grenze zu seiner Behausung. Das ist für ihn ein Signal, die Missionierung Marokkos so rasch wie möglich zu beginnen. Zunächst will er jeweils nur für wenige Tage nach Marokko hinübergehen, später einmal länger. Er will dort ein Grundstück für eine Niederlassung kaufen. Er denkt auch daran, Sklaven freizukaufen. Eine kleine Gruppe von gleichgesinnten Brüdern soll mit ihm den „Stoßtrupp" bilden. Aber er ist immer noch allein. Dieses Alleinsein bedrückt ihn noch aus einem anderen Grund. Er hätte gern einen täglichen Gesprächspartner und Begleiter, der ihn „kontrollieren" könnte. Er fürchtet nämlich, in der grenzenlosen Einsamkeit „sonderbar" zu werden und das innere Gleichgewicht zu verlieren.

Dann tröstet er sich wieder mit dem Gedanken, dieses Alleinsein in der Wüste sei eine notwendige Reinigung von allem Überflüssigen und eine Vorbereitung auf große Aufgaben: Die Israeliten sind durch die Wüste gezogen; Moses hat in der Wüste gelebt, bevor er seine Mission begann, und Paulus hat zu seiner inneren Festigung drei Jahre lang in der arabischen Wüste verbracht.

Charles de Foucauld formuliert Einzelheiten einer Ordensregel für die *Kleinen Brüder und Schwestern vom Herzen Jesu*. Inzwischen ist in ihm nämlich die Überzeugung gereift, daß es auch eine Gemeinschaft von Kleinen Schwestern geben muß. Aber wieder stellt sich ihm die Frage: Was nutzt eine Ordensregel, wenn es keine Ordensbrüder und keine Ordensschwestern gibt?

In seiner Einsamkeit schreibt er viele Briefe, auch an die Klarissen im Heiligen Land, zu denen er, genauso wie zu den Trappisten, nach wie vor ein freundschaftliches Verhältnis hat. Er schreibt dem Apostolischen Präfekten, Guérin, er habe seit 18 Monaten nicht mehr gebeichtet, und er habe das dringende Bedürfnis, dies bald zu tun. Er möchte sich mit jemandem ausführlich unterhalten, und er möchte wissen, ob er geistig und seelisch noch gesund ist. Solche geistigen Atempausen und Zwischenbilanzen seien um so dringlicher, als seine Tage mit Arbeit mehr als ausgefüllt sind. An einem Tag kommen bis zu 20 Wüstenbewohner zu seiner Einsiedelei, oft klopfen bis zu 40 Wanderer und Durchreisende an seine Tür. 10 bis 15 Kranke kommen wegen Medikamenten, um die 75 wegen Almosen. Bis zu 60 Kinder wollen unterhalten, beschenkt oder auch nur begrüßt werden. Er versucht mit ihnen zu sprechen. Oft genügt schon ein freundlicher Blick, und man versteht sich.

Eine kleine Kammer ist für Sklaven reserviert, die ihn besuchen. Er gibt ihnen zu essen, und er sagt ihnen, sie sollten den Mut nicht verlieren: Eines Tages würden sie frei sein. Je treuer und fleißiger sie ihren Herren dienten, desto früher würden sie frei werden. Doch dabei bleibt er nicht stehen. Er nimmt die Sklaverei nicht einfach wie ein notwendiges Übel oder wie ein Naturereignis hin, auch tröstet er sich nicht mit dem Gedanken, der Sklave, der seine Unfreiheit als Prüfung Gottes ansehe, könne durch sie ein besserer Mensch werden. Charles de Foucauld sieht mehr und mehr, daß die Sklaverei von Menschen eingeführt wurde und deshalb auch vom Menschen beseitigt werden kann und muß. Die Sklaverei erscheint ihm zunehmend als eine soziale, wirtschaftliche und politische Einrichtung, und diese Überlegung wird ihn folgerichtig zu einer grundsätzlichen Kritik der französischen und darüber hinaus der europäischen Kolonialpolitik führen. Damals fragt er die Herren Livinhac und Don Martin, warum man deutlich *Freiheit, Gleichheit, Brüderlichkeit* auf die französischen Briefmarken drucke, es aber mit der Gerechtigkeit und der Gleichheit nicht eben genau nehme, wenn es sich um Menschen in den Kolonien handle. Er fügt hinzu, daß er in einem Gebiet von 300 Quadratkilometern der einzige Priester sei. Hier klingt der später immer wieder geäußerte Vorwurf an, die europäischen Kolonialmächte seien an der Ausbeutung der Kolonien, nicht aber an der Situation der Eingeborenen interessiert, schon gar nicht an deren seelischem Befinden.

Er trifft mit solchen Bemerkungen nur auf Schweigen und Unverständnis. Nicht ein einziger kommt aus Frankreich oder aus einem anderen „zivilisierten" Land, um ihm zumindest Gesellschaft zu leisten. Da will wenigstens er kein schlafender Wächter, kein stummer Hund und kein gleichgültiger Hirte sein. Er begnügt sich nicht mehr damit, Sklaven zur Geduld zu ermuntern und sie auf ihre spätere Freilassung zu vertrösten. Er kauft einen Sklaven frei, der dann bei ihm als Gast wohnt und bei der Gartenarbeit hilft. Einen anderen, der zu seiner Frau und seinen Kindern zurück möchte, kann er gleichfalls freikaufen. Er heißt Paul Bonita. Charles de Foucauld ist überglücklich, daß er ihm die Freiheit und die Familie zurückgeben kann.

Er ist auch für die französischen Soldaten da, wenn sie seine Hilfe brauchen. Es kommt gelegentlich zu kleineren Gefechten mit den Djiouch in der Gegend von Taghit. Sofort reitet Charles de Foucauld dorthin, um Verwundeten zu helfen und Sterbenden beizustehen. Eines sterbenden Soldaten wegen reitet er 50 km durch die Wüste. Ihm ist kein Weg zu weit, wenn er nur helfen kann. In seiner Einsiedelei und auf solchen Ritten durch die Wüste kommen ihm vielerlei Gedanken. Mehr als einmal sieht er, wie verführerisch einfach der islamische Glaube ist. Er selber fühlt sich immer noch ein bißchen von ihm angezogen, jedoch fügt er dann gleich hinzu, er sei von der Wahrheit der katholischen Religion überzeugt.

Verstärkt denkt er über die Rolle der Laien nach. Sie können das Evangelium in Bereichen ausbreiten und leben, die Priestern nur sehr schwer oder überhaupt nicht zugänglich sind. Er weiß, daß das Evangelium nicht allein eine Domäne der Priester ist, und dieser Gedanke macht ihn nicht traurig, sondern froh. Auf seinen Ritten denkt er auch über die Zukunft der französischen Kolonien in Afrika nach. Eisenbahnen werden gebaut, das Volk wird mit Waffen oder durch etwas Schulbildung „befriedet“. Aber das genügt nicht. Wenn es den Franzosen nicht gelingt, die afrikanischen Völker dauerhaft an sich zu binden, werden diese die Kolonialherren am Ende aus dem Land jagen und ihnen feindlich gesinnt bleiben.

Wie kann man das nun konkret verhindern? Indem man die Afrikaner so behandelt, wie man selbst behandelt werden möchte. Man muß ihnen mit Gerechtigkeit und Güte begegnen. Wenn man das tun will, darf man nicht auf dem hohen europäischen Podest stehen bleiben und sich gnädig zu den „Unterentwickelten" hinunterbeugen. Das gilt auch für die Missionare. Es kann nicht darum gehen, Rekordzahlen an Bekehrungen und Taufen zu erzielen. Das wäre nicht nur unmöglich, sondern auch unnütz. Ist es da nicht besser, mit den Muslimen zusammenzuleben, den Alltag mit ihnen zu teilen und ihnen unauffällig vorzuleben, was christliches Leben ist? Die Bekehrung muß sich, wenn überhaupt, nebenbei, wie eine still gereifte Frucht, ergeben.

Das sind zukunftweisende Gedanken. In anderem bleibt Charles de Foucauld zunächst noch typischen Vorstellungen seiner Zeit verhaftet. So sagt er, die Franzosen müßten den Afrikanern Zivilisation und moralischen und geistigen Fortschritt bringen, so als hätten jene Völker nicht eigene Kulturen und eigene Wertvorstellungen, die anders als die europäischen, aber deshalb nicht minderwertig sind. Später, bei den Tuareg, wird Charles de Foucauld allerdings zum Bewußtsein kommen, wie eigenständig und hoch entwickelt afrikanische Kulturen sind. Um die Jahrhundertwende sieht er aber noch das Ziel im wesentlichen darin, die Afrikaner mit christlicher Langmut an den Standard der Europäer „anzupassen" und sie am „Fortschritt" zu beteiligen.

Dann rechnet er den Franzosen vor, daß sie für die Evangelisation Afrikas so gut wie gar nichts tun. Die französischen Priester in Afrika kann man an zehn Fingern abzählen. Er hat Verständnis für die wenigen Weißen Väter, die die schwierige Bekehrung der Muslime in der Sahara aufgegeben und sich nach Zentralafrika verzogen haben, wo die Arbeit leichter ist. Wie kann dem abgeholfen werden? Aus Frankreich müßten Priester und Laien kommen, um mit den Afrikanern zu leben. Frankreich müßte sich auf seine christliche Tradition besinnen. Solange die Afrikaner nur ausbeuterische Kaufleute und hart zupackende Soldaten aus Europa kennenlernen, darf man nicht hoffen, daß sie zu Freunden Frankreichs und Europas werden. Wenn keine echten Christen nach Afrika kommen, werden sich dort nur Abneigung und Feindschaft gegenüber den Europäern entwickeln. So ist Charles de Foucauld beim Anblick der französischen Garnison in Beni-Abbès ganz und gar nicht beruhigt, und offensichtlich hat er kein großes Bedürfnis, mit den Söldnern zu sprechen. Es gefällt ihm auch nicht, daß die französischen Offiziere ihn immerfort anhalten, zu Pferd zu reisen und eine Eskorte mitzunehmen. Am liebsten würde er zu Fuß gehen, denn wenn immer etliche Muslime sich vor dem reitenden „Marabout" verneigen, fühlt er sich stets ein wenig wie ein Kolonialherr, und genau der möchte er nicht sein.

Ganz gelegentlich enttäuscht ihn der eine oder andere Afrikaner. Einige sind faul und nutzen seine Gutmütigkeit aus. Andere erweisen sich als ausgesprochen dreist und sind nur auf Almosen aus. Charles de Foucauld fragt sich, ob Almosengeben zumindest in einzelnen Fällen Eingeborene nicht dazu verleitet, in den Tag hinein zu leben und keine Eigeninitiative zu entwickeln. Doch dann sagt er sich, er könnte zusammen mit den Faulen und den Dreisten ja auch einmal einen wirklich Bedürftigen von der Tür weisen. Er kann den einzelnen nicht durchschauen, also gibt er weiter Almosen, solange diese reichen.

Am 6.3.1903 kommt Major Laperrine nach Beni-Abbès. Charles de Foucauld kennt ihn seit 1881. Laperrine ist auf der Durchreise. Er soll den Hoggar am Südrand der Sahara fest in französische Hand bringen. Er erzählt seinem Freund Charles von den Tuareg im Süden und von der Weite der Sahara. Vor allem weil Charles de Foucauld im Augenblick keine Möglichkeit sieht, mit der Missionierung Marokkos zu beginnen, denkt er daran, Laperrine in den Süden zu folgen. Im Juni 1903 fordert ihn der Major auf, zu den Tuareg zu kommen. Doch wie es seine Art ist, prüft er seine Beweggründe sorgfältig durch, legt sie Huvelin vor und bittet ihn um Rat. Mit dem Jahr 1903 ist er höchst unzufrieden, zumindest was sein geistliches Leben betrifft. Er habe Anwandlungen von Sinnlichkeit gehabt und sei Gott und den Menschen gegenüber lau gewesen. Man könnte daraus schließen, daß die Routinearbeit in

Beni-Abbès ihn nicht mehr so recht befriedigt und daß sein Hang, die Lebensbereiche zu wechseln, immer noch stark ist. Er könne, so schreibt er Huvelin, 2–4 Monate bei den Tuareg bleiben, und zwar jedes Jahr, danach werde er dann jedesmal wieder nach Beni-Abbès zurückkehren. Auch im Hoggar gebe es französische Soldaten, denen man die Sakramente spenden müsse. Er habe im übrigen dort Freunde, unter ihnen Laperrine. Einen anderen Priester könne der Apostolische Präfekt, Guérin, nicht in den Hoggar schicken. Aber er verschweigt auch seine Bedenken nicht: Während seiner Abwesenheit werden etwaige Verwundete in Beni-Abbès ohne seinen Beistand sein, auch die Wüstenbewohner werden ihn vermissen, und schließlich lenken Reisen ab. Dennoch hat er den Wunsch, in die Süd-Sahara zu gehen. Am 10.1.1904 könnte er sich einer Karawane anschließen, die nach Süden zieht.

Huvelin, Beichtvater und Seelenkenner, weiß: Wer um Rat oder um eine Entscheidung fragt, der hat sich schon längst entschieden und erwartet, daß man seine heimliche Entscheidung gutheißt. Genau das tut Huvelin. In Exerzitien, die er allein für sich veranstaltet, bereitet sich Charles de Foucauld auf die Expedition in das Gebiet der Tuareg vor. Abtötung, Buße, Tod sind die Schwerpunkte dieser Geistlichen Übungen, in denen es aber auch um die Unterscheidung der Geister geht, wie Ignatius von Loyola die strenge Selbstprüfung genannt hat.

Am 13.1.1904 bricht die Karawane auf. Am 1.2.1904 erreichen sie Adrar, den Mittelpunkt des Touat. Charles de Foucauld geht zu Fuß, eine Eselin trägt Lebensmittel und die wenigen gottesdienstlichen Geräte. Am 14. März trifft er mit Laperrine zusammen. Bei In-Salah beginnt er die Sprache der Tuareg zu lernen. Er will so schnell wie möglich die vier Evangelien in die Sprache der Tuareg übertragen. Er möchte ihnen zeigen, daß das Christentum vor allem Liebe und Brüderlichkeit bedeutet und daß sein Sinnbild das Herz ist (Brief vom 15. Juli 1904 an Huvelin). Am 28.5.1904 ist er in Tit, dem Mittelpunkt des Hoggar. Er spricht mit den Tuareg, so gut er kann, er verteilt Geld und Arzneimittel. Die Tuareg züchten Schafe, Ziegen und Kamele. Allerdings schränkt die zunehmende Baumverwüstung und Austrocknung die Möglichkeiten der Viehzucht immer mehr ein.

Charles de Foucauld arbeitet intensiv an einer Übersetzung der Evangelien. Um mit den Leuten bekannt zu werden, schläft er wie sie in einem Nomadenzelt und ist viel unterwegs. Nach einiger Zeit hat er aber wieder das Bedürfnis, sich an einem festen Ort niederzulassen. Auch wartet er immer sehnlicher auf Gefährten und Gefährtinnen, die mit ihm zusammen die Missionsarbeit zu tun bereit sind. Was er hier mutterseelenallein leisten kann, scheint kaum mehr als der sprichwörtliche Tropfen auf den heißen Stein. In einem Brief vom 15. 12. 1904 aus Ghardaïa, wohin er mit einem eingeborenen Begleiter geritten ist, schreibt er an Frau Susanne Perret, ihn doch bei der Suche nach geeigneten Helfern und Helferinnen tatkräftig zu unterstützen. Wieder betont er, wie schon in so manchem Brief zuvor, Marokko allein sei so groß wie Frankreich, habe 8–10 Millionen Einwohner und so gut wie keine christlichen Priester. Er wolle dem abhelfen mit Gemeinschaften von etwa 20 Brüdern und Schwestern vom Herzen Jesu. Ihm will einfach nicht in den Kopf, daß sich in Frankreich so gut wie niemand findet, um in Afrika die Frohbotschaft Jesu unter die Menschen zu bringen. Aber es ist so, denn auch der Brief an Frau Perret bewirkt nichts. Nachdem er die Übersetzung der vier Evangelien abgeschlossen hat, kehrt er am 24. 1. 1905 nach Beni-Abbès zurück, um endlich seinen Orden zu gründen. Doch in Beni-Abbès erwartet ihn niemand, der Mitglied dieses Ordens werden möchte, und so beschränkt sich dieser Orden weiterhin auf seinen Gründer. Charles de Foucauld ist mutlos. In einem Brief vom 18. 4. 1905 an Huvelin sagt er, er habe das Gefühl, er werde nicht alt, und er verschweigt den eigentlichen Grund seines Kummers nicht: daß nämlich niemand bereit ist, sich ihm anzuschließen. Zwischen den Zeilen kann man lesen, daß er glaubt, er habe sich in eine Sackgasse verrannt: Auf keinen seiner Rufe gibt es ein

Echo. Er hat starkes Fieber, und er fühlt sich schwach. Als Anfang April 1905 Lapperine ihm vorschlägt, wieder in den Hoggar zu kommen, weiß er zunächst nicht, was er tun soll. Vielleicht weil er im Augenblick in Beni-Abbès auf der Stelle tritt, folgt er der Einladung seines Freundes und begleitet den Offizier Dinaux nach Süden. Ein Helfer, Paul, ist bei ihm. Dies könnte der lang ersehnte Anfang der Gemeinschaft der Kleinen Brüder sein. Huvelin hat ihm 200 Francs geschickt, die er unter die Tuareg verteilt. Mitten im Hoggar, in Tamanrasset, errichtet er eine kleine Holzhütte. Er ahnt, daß die Missionierung der Tuareg nicht leicht sein wird. Illusionslos notiert er, daß die Männer von Plünderung und Diebstahl leben und die Frauen ihnen dabei applaudieren und im übrigen sehr freizügig leben.

Was soll er nun tun? Hier bleiben? Nach Beni-Abbès zurückkehren? Sich zwischen Tamanrasset und Beni-Abbès teilen? Er fragt Huvelin, was er für das Beste halte. In demselben Brief (vom 3. Mai 1905) bezeichnet er sich als „sehr schwach, sehr feige, sehr unzulänglich". Natürlich bittet er auch wieder dringend um Gefährten. Hier bei den Tuareg ist kein Fortschritt seiner Missionsarbeit erkennbar, und wenn er noch lange hier in Tamanrasset bleibt, ist er in Beni-Abbès sehr bald ein Fremder. Er fürchtet, am Ende zwischen zwei Stühlen zu sitzen. Als Dinaux vorbeikommt und ihn einlädt, mit ihm nach In-Salah zu reiten, widersteht Charles de Foucauld der Versuchung, sich durch bloße Ortsveränderung abzulenken. Er bleibt in Tamanrasset. Er betet, meditiert und vertieft seine Kenntnisse der Tuaregsprache und der Kultur. Er hat inzwischen auch die Arbeit an einem Wörterbuch Tuareg-Französisch und Französisch-Tuareg aufgenommen. Motylinski, ein Übersetzer, kommt nach Tamanrasset und unterstützt ihn bei dieser Arbeit. Bevor Charles wieder nach Beni-Abbès zurückkehrt, erlebt er noch eine tiefe Enttäuschung: Paul verläßt am 17.5.1906 Tamanrasset und damit den Zwei Mann-Orden. Und wieder steht Charles de Foucauld allein und ganz am Anfang. Wenn Briefe nach

Frankreich nichts nutzen, sollte er dann nicht selber dorthin fahren und persönlich für seine Sache werben? Und könnte er nicht einen Häuptling der Tuareg mit auf die Reise nehmen? Das wäre vielleicht dem gegenseitigen Kennenlernen und Verstehen von Afrikanern und Europäern nützlich.

Als Dinaux wieder einmal in Beni-Abbès vorbeikommt, kann sich Charles de Foucauld schnell entschließen, ihn nach Tamanrasset zu begleiten. Er möchte seine Kenntnis der Sprache und Kultur der Tuareg vor Ort vertiefen und weitere Kontakte zu Eingeborenen knüpfen. Zu seiner Freude und Erleichterung hat sich ein Novize der Weißen Väter, Bruder Michael, bei ihm gemeldet. Vielleicht will er ein Kleiner Bruder werden. Am 27.12.1906 brechen sie nach Süden auf. Bereits am 6.3.1907 erklärt Bruder Michael, dies sei wohl nicht das Richtige für ihn, und geht. Wieder steht Charles de Foucauld am Nullpunkt. Er hat jetzt auch keinen Ministranten mehr, der ihm bei der Meßfeier assistiert. Der Apostolische Präfekt Guérin erlaubt ihm, die Messe auch ohne einen Ministranten zu feiern. Er fühlt sich sehr einsam, und so freut er sich, daß er seinen Freund Laperrine auf Dienstritten in die verschiedensten Regionen des Hoggar begleiten darf. Mit Laperrine ist er gern zusammen, denn dieser hat mit Umsicht und Einfühlungsvermögen die drei wichtigsten Stämme der Tuareg dazu gebracht, bis zu einem gewissen Grad mit den Franzosen zusammenzuarbeiten. Was jetzt noch zu tun bleibt, will Charles de Foucauld tun: die Tuareg zu Brüdern und Freunden der Franzosen machen. Er verteilt Medikamente und Almosen, und er spricht mit ihnen, soviel er kann. Mit der Zeit kann er auf jede Eskorte verzichten. Die Menschen dort sind von seiner Persönlichkeit so beeindruckt, daß sie ihn wie einen muslimischen Gottesmann achten und verehren.

Dies liegt auch daran, daß die Tuareg sehen, wie sehr Charles de Foucauld ihre Kultur schätzt. Er geht nicht hin und sagt: „Schaut her, Kultur haben nur wir Europäer, und diese europäische Kultur müßt ihr nachahmen, soweit

ihr dazu in der Lage seid." Vielmehr ist er nun davon überzeugt, daß das Kulturgut der Afrikaner in sich originell
und wertvoll ist und daß die Europäer sich so intensiv damit beschäftigen sollten wie mit Zeugnissen ihrer eigenen
Kultur.

Die Tuareg haben Legenden und Lieder, die teils von
Frauen verfaßt sind, teils bei Zusammenkünften nach
Kriegszügen und Handelsreisen spontan am Lagerfeuer
entstehen. Oft werden Erlebnisse von Expeditionen im
Chor besungen. Eine schriftliche Überlieferung gibt es
nicht. Nun möchte Charles de Foucauld aber einige Bei-
spiele dieses lebendigen Liedguts bewahren. Deshalb zieht
er von Stamm zu Stamm und bittet Sängerinnen und Sänger, ihm ihr Repertoire an Liedern vorzutragen. Wo die
Dichter oder Sänger nicht mehr leben, befragt er Familien-
mitglieder. In Fällen, in denen er mit einzelnen Passagen
nicht zurechtkommt, bittet er um Erläuterungen. An die
3000 Texte bringt er zu Papier und bewahrt sie so vor dem
Vergessenwerden. Diese Texte übersetzt er dann ins Französische. Für diejenigen, die sie in Tuareg lesen wollen, ist
das schon erwähnte Wörterbuch gedacht, das Charles de
Foucauld zusammen mit Motylinski erarbeitet.

Der Vortrag der Lieder wird meist von Tänzen und Musik
begleitet. Charles de Foucauld hält mit gewohnter Gründlichkeit die verschiedenen Rhythmen fest, er markiert die
Längen und Kürzen, die Einschnitte und Pausen. Er versucht die Texte ihrer Entstehungszeit entsprechend zu
ordnen. Die Lieder sind auch vom Inhalt her alles andere
als primitiv. Neben solchen, die den Kampf besingen, gibt
es die Aufforderung, den Mitmenschen tätige Liebe zu
zeigen und Gott zu gehorchen, auch wenn es schwerfällt.
Auch Humor ist den Tuaregdichterinnen und den Sängern
nicht fremd. So heißt es beispielsweise, Halbwüchsige zu
heiraten sei so gut, wie stachelige Zweige zu heiraten, deren Blätter abgefallen sind, und vor der Heirat mit einer
alten Frau wird noch drastischer gewarnt.

Besonders gern lauscht Charles de Foucauld der Dichterin
Dassine. Sie singt zum Klang eines Instruments, das nur

eine einzige Saite hat. Oft sitzen noch ein Offizier, ein Arzt und ein Sekretär dabei, wenn Dassine ihre Lieder vom Abschied und von der glücklichen Heimkehr vorträgt.

Afrika gibt, Europa nimmt. Und umgekehrt: Dies ist die richtige Art, miteinander umzugehen. Leider ist das damals die Ausnahme und nicht die Regel, und es wird noch länger dauern, bis man in Europa richtig begriffen hat, daß Afrika eine Seele und ein ganzes Bündel von eigenständigen Kulturen hat.

Trotz dieser Kontakte mit den Tuareg hat Charles de Foucauld das nagende Gefühl, er komme nicht richtig von der Stelle. Er sucht die Gründe dafür zu allererst in sich selber. Er sagt sich, genau besehen sei er mehr ein einzelgängerischer Mönch als ein richtiger Missionar. Das Schweigen sei seine Stärke, nicht das verbindende Wort. Er müßte, so stellt er selbstkritisch fest, beweglicher sein, mehr aus sich herausgehen, mehr Besuche machen und empfangen. Aber, so fügt er seufzend hinzu, wer kann schon über seinen eigenen Schatten springen?

Es gibt noch andere Hindernisse, die ihn bedrücken. Guérin hat ihm erlaubt, die Messe ohne Ministrant, d. i. ohne Meßdiener, zu feiern, aber nicht ohne einen einzigen Gläubigen. Das führt dazu, daß er zwischen Juli und November 1907 ganze dreimal die Messe feiern kann, und dies nur, weil zufällig durchreisende Franzosen das Bedürfnis haben, wieder einmal an einem Gottesdienst teilzunehmen. Was müssen die Tuareg von einem Christentum halten, das seine europäischen „Verkünder" anscheinend so wenig interessiert? Wie will man für einen Glauben werben, wenn man diesen Glauben nicht selber in Lebenspraxis umsetzt?

Solche Überlegungen beschäftigen Charles de Foucauld im November 1907 besonders intensiv. In einem Brief vom 22. 11. 1907 an Huvelin verurteilt er erneut die französische Kolonialpolitik. Er verweist dabei besonders auf Algerien. Die Franzosen nutzen die Algerier nur aus. Um den Warenüberschuß in Frankreich irgendwie loszuwer-

den, reden sie den Algeriern überflüssige Bedürfnisse ein. Was die Missionare anbetrifft, so interessieren sich nur die Weißen Väter richtig für die Afrikaner. Nachdem diese Algerien verlassen haben, leben die rund eine Million Europäer dort isoliert und verfolgen nichts anderes als ihre eigenen, materialistischen Interessen. An Kontakten mit der einheimischen Bevölkerung sind sie über das rein Geschäftliche hinaus nicht interessiert. Sie ahnen nicht einmal etwas von den Problemen der Algerier und schauen auf sie wie armselige, „zurückgebliebene" Habenichtse herab. Im Sudan ist es noch schlimmer. Dort herrschen nackte Habgier und Gewalt. Man müsse, so schreibt Charles de Foucauld an Huvelin, ein Buch darüber schreiben, um den Franzosen die Augen zu öffnen. Huvelin soll sich nach einem Autor umsehen. Es sei im übrigen besser, ein Laie schreibe das Buch. Er denke da beispielsweise an René Bazin. Dieser René Bazin hat vor allem in seinen Romanen über das Bauernleben immer wieder auf die Notwendigkeit sittlicher Grundeinstellungen hingewiesen, und er hat auch an konkreten Beispielen die Schwierigkeiten der Elsässer zwischen zwei Völkern und Kulturkreisen, zwischen Deutschland und Frankreich, dargestellt. Das Buch ist leider nie geschrieben worden.
Charles de Foucauld hat aber keine Zeit, sich über das fehlende Echo aus Frankreich zu grämen. Im Hoggar hungern im Augenblick die Menschen. Es hat 17 Monate lang nicht geregnet. Charles de Foucauld verteilt seine letzten Vorräte an hungernde Kinder. Er selber ist krank und schwach. Im November 1908 mahnt er Huvelin erneut, rasch etwas zu unternehmen, damit den Franzosen endlich die Augen aufgehen und sie sehen, was sie in ihren Kolonien anrichten. Sie wollen sich nur bereichern. Sie reden gedankenlos von „christlicher Brüderlichkeit", in Wirklichkeit zeigen sie den Afrikanern gegenüber nur Abneigung, Raffgier, Gleichgültigkeit und brutale Härte.
Charles de Foucauld ist jetzt 50 Jahre alt. Er zieht Bilanz. Wenn der Satz aus dem Evangelium gilt, wonach ein Mensch nach seinen Früchten beurteilt werden sollte,

dann hat er nicht sehr viel vorzuweisen. Genauer: Er steht mit leeren Händen da. Er ist krank, kann keine Messe mehr feiern, weil dazu niemand mehr in seine baufällige Kapelle kommt. Am 9. 6. 1908 schreibt er einen geradezu „schwarzen" Brief an seinen Freund Caron. In sieben Jahren ist ihm nicht eine einzige wirkliche Bekehrung gelungen. Er kann zwei Taufen verzeichnen: 1 Kind, 1 blinde alte Frau. Was wird aus dem Kind werden? Ist die alte Frau wirklich bekehrt? Wirkliche Bekehrungen: vermutlich keine. Vielleicht, so fügt er resignierend hinzu, sei jede Bekehrung grundsätzlich sinnlos. Die Leute seien zu ungebildet, und ihre Anhänglichkeit an ihre muslimische Religion sei zu stark.

In Augenblicken tiefster Niedergeschlagenheit verfällt er dann in Vorstellungsmuster, die für die von ihm so heftig kritisierten Kolonialherren typisch sind: Die Muslime in der Sahara sind „halbe Barbaren". Man muß sie gründlich zivilisieren, „beschulen" und auf diese Weise erst zu Menschen machen, die uns Europäern ähnlich sind. Dann erst kann man an die Bekehrung gehen. Eine gründliche Bildung und Ausbildung im europäischen Sinn werde das Gebäude des Islam dann zwangsläufig zum Einsturz bringen. Die Europäer müssen die „zeitraubende und undankbare" Aufgabe der „Zivilisierung" der unzivilisierten Welt auf sich nehmen.

Formulierungen wie diese erinnern an Rudyard Kiplings berühmtes Wort von „the white man's burden": Kolonialpolitik, so Kipling, ist eine „Bürde", die der „weiße Mann" wohl oder übel auf sich nehmen muß. Daß Charles de Foucauld in solche abwegigen Überlegungen zurückfällt, zeigt, wie schwach er damals gewesen sein muß.

Immer weniger hofft er auf Priester aus Frankreich, immer mehr verspricht er sich von Laienmissionaren. Doch auch diese bleiben aus, wie sehr er auch in Briefen an alle möglichen Bekannten und Freunde um die Mobilisierung engagierter Laien bettelt. Könnte er da nicht einiges selbst bewirken, wenn er nach Frankreich führe? Bestärkt wird er darin von Voillard, der dem Orden der Weißen Väter angehört und den sich Charles de Foucauld nach dem Tod Huvelins im Juli 1910 als geistlichen Berater wählt. Voillard findet, es wäre gut für ihn, alle zwei Jahre für ein paar Wochen nach Frankreich zu fahren. Charles de Foucauld tut dies dreimal: vom 25.12.1908 bis 28.3.1909; vom 2.1.1911 bis 3.5.1911 und vom 24.4.1913 bis 27.9.1913.

Spur der Zukunft

Stichwort: Aus der besseren Gesellschaft

Wir wissen, daß beinahe alles, was wir zur Sprache brin-gen, seinen Platz in der Geschichte von etwas hat, das wir „die Gesellschaft" nennen, aber wir wissen auch, daß so etwas Pauschales wie „die Gesellschaft" nie existiert hat, und wenn es sie gäbe, könnte man sie in ihrer Ganzheit überhaupt nicht erfassen und darstellen.

Aus diesem Grund möchte ich hier kurz die Fallstudie einer Frau der sogenannten besseren Gesellschaft vorstellen, die Einblicke in Familienverhältnisse im Frankreich des ausge-henden 19. Jahrhunderts ermöglicht. Diese Familienge-schichte wirft ein bezeichnendes Licht auf einen Teil der Kreise, die Charles de Foucauld zu jener Zeit für seine Sa-che gewinnen will.

Im Jahr 1892 wird ein 20jähriges Mädchen aus guter Fami-lie von der Mutter in eine Pension für unverheiratete Mäd-chen in der Rue Saint-Jacques in Paris gebracht. Dieses Haus wird von Ordensfrauen geleitet. Das Mädchen, eine gewisse Marthe de Montbourg, hat es mit einem Schreiner in der heimatlichen Normandie „getrieben" und ist im üb-rigen so unberechenbar und hysterisch, daß ihre besorgte Mutter und ihre ältere, kränkelnde Schwester Eléonore sie nur ungern aus den Augen lassen. Als das Kind, das aus der Verbindung mit dem Schreiner stammt, geboren ist, ver-kauft Frau de Montbourg den Familiensitz Saint-Savin in der Normandie und sieht ihre Hauptaufgabe darin, für Marthe einen Mann zu finden, der sie wieder in die feine Gesellschaft einführen kann.

Wir sind über diesen Fall deshalb so genau unterrichtet, weil Frau von Montbourg 6 Jahre lang in ausführlichen Briefen ihrem Bruder Charles de Cerilly jede Einzelheit des unerfreulichen Familiendramas berichtet hat. Diese Briefe, die man kürzlich auf einem Speicher gefunden hat, geben eine deutliche Vorstellung von der ungeratenen Tochter: Marthe ist träge, lügnerisch, unzuverlässig, amoralisch und im Sexuellen unersättlich (Frederick Brown [editor]: Marthe, a Woman and Her Family: A fin-desiècle correspondence, translated by Donald M. Frame [1985]). Es wird deutlich, daß die ganze Familie Montbourg an Syphilis leidet. Dennoch kämpft Frau de Montbourg um ihren Status und ihren guten Ruf in der feinen Gesellschaft. Marthes Kind kommt in ein Kinderheim. Man kauft eine Villa in Grasse. Hier bändelt Marthe, ganz und gar nicht standesgemäß, sofort mit zwei Eisenbahnern, einem Postbeamten und einem Apotheker an. Frau de Montbourg befragt Ärzte und Priester, was sie von einer Heirat Marthes halten. Sie fürchtet nämlich, ihre Tochter könne dann noch hysterischer werden und für Skandale sorgen, welche die Familienehre beflecken würden. Man kommt zu dem Schluß, wenn Marthe allein bleibe, müsse man noch Schlimmeres befürchten. Also muß ein Ehemann gesucht werden. Der Gemeindepfarrer und Geistliche aus der Nachbarschaft bekommen den Auftrag, Frau de Montbourg geeignete Heiratskandidaten vorzuführen und sich über den Gesundheitszustand, den Stammbaum, die Lebensgewohnheiten und die finanziellen Verhältnisse der einzelnen Herren genauestens zu informieren. Man findet einen anscheinend idealen Gatten mit dem idealen Stammbaum. Am 6. 7. 1895 heiratet Marthe de Montbourg Herrn Robert Caron d'Aillot aus Mougins. Sofort bricht ein Streit zwischen den beiden Familien aus. Marthe schlägt sich auf die Seite ihres Mannes. Sie hat auch nichts dagegen, daß ihr Mann ihre Mutter um 3 Uhr in der Nacht aufweckt. In Wirklichkeit wird Marthe wie eine Gefangene gehalten, dabei erweisen sich die Schwestern ihres Mannes als besonders gemein. Im übrigen benutzt der Ehemann Marthes hysterische Anfälle als Waffe bei seinen zahlreichen Erpressungsversuchen, die ihm Geld aus dem Besitz der Montbourgs bringen sollen. Aber Marthe bleibt nicht passiv. Sie hat ein Verhältnis mit ihrem Schwager François. Dessen Geliebte, das Dienstmädchen Césarine, hat ein Verhältnis mit Marthes Mann. Frau de Montbourg schreibt giftige Briefe an ihren Schwiegersohn. Dieser erwidert kühl, sie solle nur schweigen, schließlich pfiffen es inzwischen die Spatzen von den Dächern, daß Marthe von ihren Eltern die Syphilis geerbt habe. Er sagt ihr, er wolle Marthes uneheliches Kind bei sich aufnehmen, falls sie gut dafür bezahle. Marthe will von ihrer Mutter immer mehr Geld. Frau de Montbourg weiß, daß ihr Schwiegersohn hinter dem Geld her ist. Sie zieht mit der kranken Eléonore nach Montpellier. Sie fürchtet, ihr Schwiegersohn werde ihre Tochter Marthe ermorden. Diese leidet an fürchterlichen Magenschmerzen. Sie überschüttet ihre Mutter mit einem Wechselbad von Stimmungen: Einmal ist sie für, dann gegen ihren Mann, und immer wieder bettelt sie um Geld. Im August 1898 läuft Marthe aus Mougins weg und logiert sich bei ihrer Mutter und ihrer Schwester in Montpellier ein. Frau de Montbourg drängt auf eine Trennung. Doch Marthes Mann will daraus ein Geschäft machen. Er behauptet, sie habe ihn, während er in Marseille war, mit einem Bauern namens Victorin betrogen. Er habe noch bei ihr im Bett gelegen, als er zurückgekehrt sei. Marthe hält dagegen, er habe sie mit anderen Frauen hintergangen und im übrigen so fürchterlich bedroht, daß ihr nichts anderes übriggeblieben sei, als das Haus Hals über Kopf zu verlassen. Frau de Montbourg macht in der Aufregung ein paar juristische Fehler, und so erhofft sich ihr Schwiegersohn von einer Scheidung eine hübsche Summe Geld. Das Kind, das Marthe mit dem normannischen Schreiner hatte, stirbt mit 5 oder 6 Jahren. Kurz hinterher wird auch die kranke Eléonore begraben, die von ihrer resoluten Mutter nur hin und her geschoben wurde und mit ansehen mußte, wie ihre Schwester Marthe einen Skandal nach dem anderen inszenierte. Im Oktober 1898 wird Marthe wegen Ehebruchs vor das Gericht in Grasse zitiert. Ihr Onkel, Charles de Cerilly, drängt auf einen Vergleich. Er möchte nicht, daß die Familiengeschichte der Montbourgs und damit seine Schwester in die Schlagzeilen der Presse kommt. Doch Marthes Ehemann pokert hart und hoch. Da muß Charles de Cerilly stärkeres Geschütz auffahren. Er beschuldigt Robert Caron d'Aillot, er habe Marthe nur des Geldes wegen geheiratet und seine Frau und seine Schwiegermutter ständig bedroht, auch unterhalte er Beziehungen zu einer Frau L.S. Charles de Cerilly hofft, daß Robert Caron d'Aillot es unter diesen Vorzeichen nicht wagen wird, vor Gericht zu ziehen, um möglichst viel Geld für sich herauszuschlagen. Im Dezember 1898 stirbt Frau de Montbourg. Marthe zieht in das Haus ihrer Mutter, das sie „Villa Marthe" tauft. Sie, deren Briefe das Vokabular und die Geisteskraft eines 12jährigen Kindes nicht übersteigen, lebt jetzt glücklich, sprich: gedankenlos mit ihrem Dienstmädchen und ihrer Gesellschafterin Louise Galouret. Von Robert Caron d'Aillot hört man kein Wort mehr. Marthe reist zum Vergnügen nach Brüssel und Paris, und die Verwandtschaft findet sich häufig in der „Villa Marthe" ein, um nach außen eitel Freude und Harmonie vorzutäuschen und heimlich über den furchterregenden Charakter von Marthe zu tuscheln, die am 25.5.1902 im Alter von nur 30 Jahren stirbt.

Das Geld hat als „Bindemittel" alle natürlichen menschlichen Beziehungen ersetzt. Ähnlich wie in Charles Dickens' Roman Our Mutual Friend, d. h. unser gemeinsamer Freund (1864), ist auch bei dieser französischen Familie selbst ein kleines Kind ein rein finanzielles Objekt. Marthes unehelicher Sohn Georges ist für Robert Caron d'Aillot ein Mittel zur Erpressung und eine mögliche Einnahmequelle, mehr nicht. Wie diese Familiengeschichte, wie einige von Guy de Maupassants Novellen und etliche der großen europäischen Romane jener Zeit zeigen, liegt das Paradoxe dieser Geldbesessenheit darin, daß die von ihr Befallenen sich letztlich nicht als Realisten erweisen, die sie ja sein möchten, sondern durch ihr quasi-erotisches Verhältnis zum Geld allmählich jeden Bezug zur Realität verlieren.

Welche Rolle einige Priester und Ordensleute in diesen unerfreulichen Dramen spielen, haben wir gesehen. Wie sich

Teile der Kirche in Frankreich damals zumindest auf den ersten Blick darstellten, hat Ernest Renan, der kritische Religionsforscher (1823–1892), bei seiner Ankunft in Paris formuliert. In seiner heimatlichen Bretagne erlebte er Priester in steifen Gewändern, die ihn an Propheten erinnerten und dauernd auf die Ewigkeit verwiesen. In Paris erlebt er eine Religion von „künstlichem Faltenwurf", eine „parfümierte", mit Bändchen verzierte Frömmigkeit, eine Religiosität der kleinen Wachskerzen und Blumenvasen, eine „Theologie der jungen Damen, ohne festen Kern".

Wenn Charles de Foucauld in jenen Jahren durch die Straßen und Parks von Paris geht, sieht er Gesichter, wie wir sie von den Bildern der Impressionisten kennen: dem Augenblick hingegeben, selten nachdenklich, auf Genüsse aus. Er erkennt, daß Frankreich genauso Missionsland ist wie Marokko oder Algerien. Wie kann er da Mitarbeiter (innen) für die afrikanische Mission erwarten? Man müßte zuerst den Glauben in Frankreich (und in den anderen europäischen Ländern) erneuern (Brief vom 10. 2. 1914 an Joseph Hours). Daß Charles de Foucauld sich über die Aussichten dieser nötigen Selbsterneuerung keinen Illusionen hingibt, zeigt seine Bemerkung, man solle keine flammenden Aufrufe schreiben, sondern bei sich und im engsten Familien- und Freundeskreis mit der Erneuerung beginnen. Er weiß, wie schwer so etwas ist, und so fährt er dann jedesmal in gedrückter Stimmung nach Afrika zurück. Eine für den Sommer 1915 geplante vierte Reise nach Frankreich wird durch den Krieg verhindert.

In Tamanrasset nimmt ihn die Einsamkeit wieder auf. Hier gibt es keinen Telegraphen, keine Garnison, keine Missionsstation. Nur gelegentlich schaut einmal ein Franzose bei ihm herein. Im übrigen nur Tuareg, die Wüste und der Himmel, und vor allem: Stille. Dies hat den Vorteil, daß er sich so gut wie ungeteilt dem Gebet und den Menschen widmen kann. Immer mehr kommt er zu der

Überzeugung, daß das wirksamste Mittel jeder Missionierung die tätige Liebe ist. *Jesus Caritas* ist eines seiner Lieblingswörter, d. h. Jesus = Liebe. Wenn er gut ist, dann muß auch die Religion, die er vertritt, gut sein: So werden die Tuareg sagen, und nur durch tätige Anteilnahme an ihrem Leben kann er sie davon überzeugen, daß es gut ist, ein Christ zu sein oder zu werden. Vor allem hilft er den Tuareg bei der Entwicklung einer ertragreichen Landwirtschaft. Auf diese Weise kommen sie ein wenig von ihren Plünderzügen ab. In Tamanrasset hat er seine *Fregatte*, wie Laperrine die längliche, rechteckige Einsiedelei getauft hat; 60 Kilometer von Tamanrasset, in Asekrem, hat er einen anderen Stützpunkt. In Asekrem erarbeitet er das Wörterbuch der Tuaregsprache. Von seiner dortigen Einsiedelei aus beobachtet er, wie die Schluchten und Hänge nach dem Regen grünen und die Tuareg ihre Zelte aufschlagen und in aller Ruhe ihre Milch trinken. Einer oder zwei von ihnen sind seine Freunde geworden, dennoch ist er die meiste Zeit allein. Er freut sich darüber, der einzige in der riesigen Wüste zu sein, der Gott schon um 3 Uhr in der Nacht begrüßt, wenn sein langer Tag beginnt, und ihm abends vor dem Schlafengehen für die Wunder seiner Schöpfung dankt. Aber dann wird ihm die Einsamkeit wieder einmal zuviel. Im September 1910, also wenige Monate nach dem Tod seines Freundes Huvelin, schreibt er an eine Verwandte in Frankreich, er fühle sich mehr und mehr allein. Er kommt sich vor wie eine Olive ganz am Ende eines Asts, die man bei der Ernte vergessen hat.

Er muß noch eine andere, wenig ermutigende Erfahrung machen. Ein Freund unter den Tuareg, Moussa, der mit anderen vornehmen Tuareg in Frankreich gewesen ist, schwärmt bei seiner Heimkehr nach Afrika von den Varietés und den Revuen, die sie gesehen haben. Sie haben auch Verwandte von Charles de Foucauld besucht. Die Tuareg sind von deren Lebensstil sehr angetan und können sich nur wundern, warum er, Charles de Foucauld, all dem den Rücken gekehrt hat, um in der Wüste ein höchst sonderbares, entbehrungsreiches Leben zu führen. Europa hat, so werden sich die beiden Tuareg gedacht haben, Attraktiveres zu bieten als die Botschaft von der Nächstenliebe: feines Essen, elegante Anzüge und Kleider, Freizeitvergnügen aller Art. Ähnlich empfindet sein zweiter Freund unter den Tuareg, Ouksel, den er auf der dritten Reise mit nach Frankreich nimmt und mit seiner Familie bekannt macht. Das Klavierspiel der jungen Damen bezaubert Ouksel, und die Mädchen lehren ihn das Stricken. Auch Charles de Foucauld versucht mit Stricknadeln umzugehen, doch Ouksel ist flinker: er strickt schnell „wie ein Reh", während Charles „im Tempo einer Schnecke" strickt. Moussa und Ouksel werden sich gefragt haben: Was ist eigentlich gegen das süße Leben in Frankreich einzuwenden? Leben wie Gott in Frankreich: Was kann daran schlecht sein? Der Meinung scheint auch eine der Nichten Charles de Foucaulds zu sein, der er in einem Brief vom 26.4.1914 klarmacht, was man von einer Französin erwarten müsse, die zu den Tuareg kommt. Sie müsse, so meint er, geduldig und liebenswürdig sein, etwas von Medizin verstehen, Spritzen setzen, Kinder erziehen und betreuen, nähen, waschen und kochen können. Sie muß im Gartenbau und in der Hühnerzucht bewandert sein, und auch die Schafschur und das Spinnen muß sie beherrschen. Die junge Nichte hat es, soweit wir wissen, vorgezogen, in Frankreich zu bleiben. Trotz all dieser Enttäuschungen ist Charles de Foucauld kein Mann, der anderen die Freude am Leben versauert. Ganz im Gegenteil. Sein Freund Laperrine berichtet, er sei in Gegenwart anderer immer heiter und liebenswürdig gewesen und habe alles daran gesetzt, seinen Mitmenschen Freude zu machen. Dabei habe er bei all seinem Wissen und seinem Weitblick nie den Besserwisser gespielt, sondern sei stets ein aufmerksamer und geduldiger Zuhörer gewesen.

Bei seiner ständigen Bibellektüre verweilt er öfters bei zwei Figuren, die der Apostel Paulus mehrmals am Rand erwähnt: Priscilla und Aquila. Sie sind ein jüdisches Ehepaar, das aus Rom vertrieben wurde. Aquila ist Zeltmacher, und Paulus schließt sich den freundlichen Leuten an.

Im Gegensatz zu anderen Juden haben sie für die Frohbotschaft Jesu Christi ein offenes Ohr und arbeiten schließlich mit Paulus zusammen an der Ausbreitung des Christentums, unter anderem in Syrien.

Sein Nachdenken über Priscilla und Aquila führt ihn zu grundsätzlichen Überlegungen zur Rolle der Laien in der Kirche. In einem Brief vom 3.5.1912 an einen Laien, Joseph Hours, beklagt er, daß die Kirche und die Laien so wenig voneinander wüßten, daß sie einander nichts zu geben vermöchten. Deshalb muß es seiner Meinung nach Laien wie Priscilla und Aquila geben, die jene Menschen aufsuchen, die der Priester nicht zu sehen bekommt, die dorthin vordringen, wo Priester nicht hingelangen können. Laien sollten zu Laien gehen, die den Priester meiden. Nur so kann der sich ständig vergrößernde Graben zwischen etablierter Amtskirche und den Menschen draußen in der Alltagswelt geschlossen werden. Christliche Laien geben am besten Zeugnis vom Evangelium, indem sie hilfsbereit, gütig und zu jedem Kontakt bereit sind. Indem Charles de Foucauld fordert, daß jeder Christ Apostel sein müsse, fordert er das, was wir heute Laienapostolat nennen, eine für die damalige Zeit neue, ungewohnte Perspektive. Charles de Foucauld hat zwei, drei Jahre zuvor noch gesagt, wenn keine Priester aus Frankreich in die Sahara kommen wollten, dann müßten Laienmissionare her. Jetzt scheint er mehr und mehr zu der Überzeugung zu kommen, Laienmissionare seien nicht eine Notlösung, sondern ideale Baumeister des Gottesreiches.

Laien, die vom Geist des Evangeliums geprägt sind, können seiner Meinung nach leichter als manche Priester engere Beziehungen anknüpfen mit Menschen, die lau im Glauben geworden sind oder ihm fernstehen. Das gute Beispiel, Geduld, Sanftmut, Güte wirken stärker als fromme Ratschläge. Zu Menschen, welche die Religion ganz ablehnen, können Laien besser als Geistliche in freundschaftliche Beziehung treten, um ihre Vorurteile durch Anteilnahme, Zuhören und verständnisvolle Hilfe

zu zerstreuen und sie so „einschlußweise", nicht mit unge-
duldiger Bekehrungshysterie, zu Gott zu führen. Wir
müssen andere dazu bringen, sagt Charles de Foucauld,
daß sie uns achten und vertrauen. Nur so werden sich
Menschen, die dem Christentum fernstehen, mit der
Frohbotschaft Christi anfreunden und vielleicht sogar
aussöhnen können. Für Charles de Foucauld ist das ein
Werk, das *alle* Christen tun müssen: Geistliche *und* Laien,
Männer *und* Frauen.

Doch es kommen weder Priester noch Laien zu ihm her-
über nach Afrika. Er darf aber nicht resignieren und passiv
auf das Ende warten. Er arbeitet weiter an der Disziplinie-
rung seiner Gedanken und Gefühle. Gegen Versuchungen
aller Art, wie sie den Einsamen in der Wüste leicht über-
kommen, arbeitet er mit gezielter Tätigkeit und konzen-
triertem Gebet an. Mit Sorge beobachtet er, wie sich ab
1912 zunehmend Propagandisten in der Wüste zeigen, die
unter dem Vorwand, den Islam vor „feindlichen Manipu-
lationen" bewahren zu wollen, unterschiedslos gegen alle
Fremden Stimmung machen. Unter solchen Umständen
muß er jeden Augenblick mit dem Tod rechnen. Am
13.12.1913 formuliert er seinen Letzten Willen. Er will an
der Stelle begraben werden, wo er sterben wird. Er verbietet ausdrücklich, seinen Leichnam an einen anderen Ort
zu bringen. Die Beerdigung soll kurz und ohne Pomp und
das Grab ganz schlicht sein. Kein Grabstein, nur ein
Kreuz aus Holz soll die Stelle markieren, wo er auf die
Auferstehung warten wird. Am 17.2.1914 schreibt er, für
die Endfassung seines Wörterbuchs brauche er etwa noch
fünf Jahre. Er ist jedoch unsicher, ob Gott ihm diese Jahre
noch zugestehen wird.

Die Ermordung des österreichischen Thronfolgers und
seiner Frau in Sarajewo am 28.6.1914 löst den Ersten
Weltkrieg aus. Für viele überzeugte Christen in Frankreich stellt sich die Frage: Darf ein Anhänger des Mannes
von Nazaret, der vor allem Feindesliebe gepredigt hat, ins
Feld ziehen und Deutsche töten? George Buxton, ein Missionar, der später Pilot wurde und 1917 bei einem militäri-

schen Einsatz über Passchendaele ums Leben kam, schreibt im Januar 1915 seinem Bruder, er sehe keine Sünde darin, Soldat zu werden. Gott erwarte nämlich von jedem Christen, daß er für das eintrete, was Recht sei. Im übrigen habe ja der Christ die Aussicht auf ein ewiges Leben; aus diesem Grund dürfe er die „gefährliche Arbeit des Tötens" nicht denen überlassen, die „keinen Gott und keine Hoffnung" hätten. Der Christ müsse diesen „Gottlosen" ein „christliches Beispiel" geben.

Der Franzose Charles Péguy, Dichter und leidenschaftlicher Christ, mahnt schon 1905 zur inneren Wehrhaftmachung Frankreichs, und bereits 1913 preist er in *Ève* die Toten des kommenden Weltkriegs selig: Selig, welche für die fleischliche Erde und für ein Fleckchen Boden gestorben sind...

Dies verwundert nicht, wenn man sich das Vokabular ansieht, mit dem die Schüler in den Jahren vor 1914 bekannt gemacht wurden: *Opfer, Ehre, Kameradschaft, der süße rote Wein der Jugend* (gemeint ist Blut) sind Standardwörter vieler Gedichte, und wer auf dem „Feld der Ehre" fällt, den wird Gott beim „Letzten Appell" (gemeint ist der Jüngste Tag) feierlich auszeichnen.

Andere ziehen in den Krieg, um höchstpersönlichen Problemen zu entgehen. Männer, die in der Ehe und der Liebe enttäuscht wurden, wollen sich im Kanonendonner ablenken oder an den Feinden ihre Wut ablassen. Andere, darunter viele Frauen, wittern im Krieg das wirksamste Mittel, verhaßte Zwänge abzuwerfen und sich zu emanzipieren.

Die meisten von ihnen lernen spätestens in den fürchterlichen Materialschlachten ab 1916 die Wirklichkeit des modernen Krieges kennen, der für vaterländische und quasi-religiöse Sprüche keine Verwendung hat.

Charles de Foucauld erfährt am Morgen des 5. 9. 1914, daß Krieg ist. Er fragt Laperrine, ob er nach Frankreich aufbrechen und als Feldgeistlicher und Sanitäter an die Front gehen solle. Man hätte erwartet, daß der ehemalige Offizier sich der Kriegsbegeisterung nicht entziehen kann und im Kriegsausbruch eine Möglichkeit sieht, sich aus seiner Isolierung zu befreien. Doch er bleibt völlig ruhig, er läßt sich von der Kriegshysterie nicht anstecken. Er würde, so schreibt er, höchstens als Seelsorger und Krankenpfleger seine Menschen- und Christenpflicht tun. Doch Laperrine, der inzwischen zum General befördert worden und schon zur Front unterwegs ist, schreibt ihm, er solle in der Sahara bleiben. Charles de Foucauld gehorcht. Er will das Menschenmögliche tun, daß wenigstens in der Wüste der Friede bewahrt bleibt.

Doch wie sich bald herausstellt, liegt das nicht in seiner Hand. Die Italiener ziehen einen großen Teil ihrer Kolonialtruppen aus Libyen ab, das sie seit 1912 besetzt halten. Sie brauchen diese Soldaten für den Einsatz auf den europäischen Kriegsschauplätzen. Auch die Franzosen rufen Truppen aus Afrika nach Frankreich zurück. An der Grenze zu Algerien entsteht politische Unruhe. Afrikanische Nationalisten sehen den Augenblick gekommen, die Kolonialherrschaft abzuschütteln. Andere nützen den Abzug der europäischen Truppen dazu, um Stammesfehden auszutragen oder persönliche Vorteile zu suchen. Die Unruhen bleiben nicht auf das südwestliche Libyen beschränkt, sondern ergreifen auch die Tuareg. Diese haben so wenig zu essen, daß sie ihre Sklaven nicht mehr ernähren können. Da sie diese nicht verkaufen können, lassen sie die meisten davon frei. Die ehemaligen Sklaven suchen nun nach Lebensmitteln und anderen Gütern. Ihnen schließen sich berufsmäßige Diebe und Straßenräuber an und machen auch die Gegend um Tamanrasset unsicher. Sie haben leichtes Spiel, da nur noch wenige französische Soldaten in der Gegend sind. Um die arbeitslosen Sklaven und Landstreicher zu beschäftigen, müßte man Werkstätten bauen und Straßen anlegen. Doch dazu fehlt jetzt die Zeit und auch das Geld.

Charles de Foucauld hält inmitten dieser Unruhe an seinen Gewohnheiten fest. Um 3.30 Uhr in der Nacht steht er auf und spricht bis 4 Uhr seine Morgengebete. Von 4 bis 5 Uhr feiert er die Messe und spricht die Danksagungsgebete.

Zwischen 5 und 6 Uhr erledigt er die notwendige Hausarbeit, frühstückt kurz, betet, liest in der Bibel und schreibt Gedanken nieder, die ihn beschäftigen. Er tut dies sehr genau, in klarer Schrift. Von 6 bis 11.30 Uhr arbeitet er. Danach betet er wieder, widmet sich der Selbstbesinnung und ißt zu Mittag. Von 12.30 bis 18 Uhr arbeitet er dann wieder. Bis 19 Uhr betet er die Vesper und den Rosenkranz. Von 19 bis 20 Uhr nimmt er einen Imbiß ein, räumt das Geschirr weg, betet und prüft, was er den Tag über geleistet und gedacht hat. Sonntags liest er außer in der Bibel auch in anderen Büchern.

Kurz vor Weihnachten 1914 hat er furchtbare Kopfschmerzen. Das Atmen fällt ihm schwer, und er hat hohes Fieber. Ein herbeigerufener Arzt stellt Skorbut fest, eine Krankheit, die vor allem auf einen Mangel an Vitamin C zurückzuführen ist. Beten, handeln und vor allem leiden: Das ist für ihn die Aufgabe des Christen.

Es wirkt auf uns Heutige seltsam, daß Charles de Foucauld seinem Freund Laperrine in einem Brief für eine winzige Trikolore, die Fahne Frankreichs, dankt, aber mehr als die militärischen Siege und Niederlagen seines Landes interessiert ihn die Zukunft des Christentums. Immer wieder bittet er um Entsendung von Priestern und Laienmissionaren. Er stellt Aquila und Priscilla als Vorbilder hin. Wenn er sterben sollte und dann niemand da wäre, der seine Arbeit fortsetzen könnte, dann wären die schwachen Ansätze einer Missionierung in Beni-Abbès und Tamanrasset vergeblich gewesen und würden bald in Vergessenheit geraten, und an eine Freundschaft zwischen Franzosen und Afrikanern ist dann erst recht nicht mehr zu denken.

Wenn er selber nicht mehr viel ausrichten kann, dann will er künftigen Christen doch die Richtung zeigen: Die Christen haben an der Seite der Kleinen, der Zukurzgekommenen, der Hilfsbedürftigen und Schwachen zu sein. Sie müssen die Schranken zwischen den Klassen, Rassen und Religionen niederreißen und in jedem Menschen den Bruder sehen. Dies sind Worte, die zu jener Zeit nicht selbstverständlich sind. Aber es sind nur Worte. Charles de Foucauld möchte ihnen Taten folgen lassen. Dazu braucht er Mitarbeiter, genauer: die Gemeinschaft der Kleinen Brüder und Schwestern vom Herzen Jesu. Doch seinem Freund Crozier ist es in Frankreich bisher nicht gelungen, jemanden für diese Idee zu begeistern. Deshalb möchte Charles de Foucauld nach dem Krieg nach Frankreich fahren, um die Dinge selber in die Hand zu nehmen. Er schätzt, daß er zu diesem Zeitpunkt dort etwa 50 Anhänger hat. Von diesen sind aber nur wenige aktiv. Er verfolgt die Entwicklung des Weltkriegs weiterhin sehr genau. Er hofft, daß Frankreich den Krieg gewinnt, um Europa eine lange Zeit des Friedens in Freiheit und Gerechtigkeit zu schenken und zu garantieren. Ein siegreiches Frankreich wird besser in der Lage sein, die Bedingungen der Menschen in den französischen Kolonien zu verbessern, vor allem die Erziehung voranzutreiben. Er wünscht sich Frankreich als eine „Mutter Vaterland", die sich rührend um ihre „Kinder" kümmert.

Ebensowenig wie die meisten seiner Zeitgenossen sieht er, daß die Unruhen in der Sahara, die er gespannt verfolgt, wenigstens teilweise Ausdruck eines gerechtfertigten Widerstands gegen die Bevormundung Afrikas durch europäische Kolonialmächte sind. Viele Afrikaner möchten nicht die „Kinder" einer europäischen „vaterländischen Mutter" sein.

Inmitten dieser Unruhen arbeitet er weiter an seinem Wörterbuch Tuareg-Französisch. Im Juni 1915 ist er endlich beim Buchstaben Z angekommen und hofft, das Manuskript, Ergebnis einer 11jährigen Arbeit und 2028 Seiten dick, mit der nächsten Post abschicken zu können. Gleichzeitig arbeitet er an der Endfassung der *Poesie der Tuareg*. Dazwischen befaßt er sich mit der Möglichkeit, eingezogen und an die Front geschickt zu werden. Er würde sich dem nicht entziehen, scheint von dem Gedanken aber nicht begeistert. Im September 1915 wird der Druck lybischer Rebellen auf die wenigen, noch in Süd-Tunesien verbliebenen französischen Soldaten stärker.

Charles de Foucauld versucht immer wieder neu, dem schrecklichen, von Tag zu Tag unübersichtlicher werdenden Weltkrieg so etwas wie einen Sinn abzugewinnen. In einem Brief an seine Cousine Marie vom 7. September 1916 schreibt er, vielleicht sei ein solcher Krieg notwendig, um die Seelen in das „wahre Leben" hineinzusetzen, um die Menschen „wesentlicher" zu machen. Er gedenkt der vielen Afrikaner, die auf den europäischen Kriegsschauplätzen für die Sache Frankreichs ihr Leben hingeben. In demselben Brief kommt er auf seine Enttäuschung darüber zurück, daß er in sechs Jahren, in denen er jeden Tag in Tamanrasset die Messe gelesen hat, nicht eine einzige Seele zum christlichen Glauben bekehren konnte.

Ende September 1916 erleiden die italienischen Truppen in Nordafrika immer größere Verluste. Dadurch verstärkt sich der Druck auf die ausgedünnten französischen Verbände. Plünderer nutzen die Unruhen, überfallen Europäer und Afrikaner, rauben und töten Menschen, wenn dies nötig ist. Charles de Foucauld schmerzt es zutiefst, daß die Menschen aus Kurzsicht und Boshaftigkeit den Frieden und die Schönheit der Natur nicht sehen, sondern diesen Frieden brutal zerstören. Dann springt er ohne Übergang zu den Kreuzzügen über. Er habe sie nie so recht verstanden, schreibt er, doch jetzt begreife er sie endlich. Sie seien Ausdruck der christlichen Zivilisation, der Unabhängigkeit der Nationen, der Traditionen der Ehre und der Tugend und der Freiheit der Kirche gewesen, und alle diese Werte stünden auch in diesem Krieg auf dem Spiel und müßten verteidigt werden. Frankreich vor allem müsse dafür sorgen, daß diesen Werten wieder Geltung verschafft wird. (Natürlich ist mit der „Unabhängigkeit der Nationen" nicht die Unabhängigkeit der afrikanischen Völker gemeint, die in diesem Brief an seine Cousine Marie als „Eingeborene der Kolonien" bezeichnet und damit stillschweigend als Teil Frankreichs angesehen werden.)

Das Hin und Her der Gedanken spiegelt die Verwirrung, in der sich so gut wie alle Zeitgenossen Charles de Foucaulds inmitten des Weltkriegs befanden. Dieser Krieg war weniger denn je ein Drama mit klaren Fronten und wenigen Entscheidungsschlachten. Der einzelne, einschließlich der Generale, kam sich vor wie auf einem riesigen, vernebelten Gelände. Niemand wußte genau, wo der Feind stand und wie er einzelne Geräusche deuten sollte. Das meiste schien planlos, unübersichtlich, und dieses Gefühl der Undurchschaubarkeit der weit auseinandergezogenen, unklaren Aktivitäten zehrte mehr an den Nerven und an einem klaren Urteil als unmittelbare Kampfhandlungen. Charles de Foucauld ist hier keine Ausnahme.

Um sich dennoch halbwegs zu orientieren, zieht er sich von Zeit zu Zeit auf holzschnittartige Maximen zurück. Vor 26 Jahren hat ihm sein geistlicher Berater und Freund Huvelin ein Bild des Johannes vom Kreuz geschenkt, auf dem die Worte stehen: „Arbeiten, leiden und schweigen". Diese Maxime, so schreibt er am 29. Januar 1916 an seine Cousine Marie, ist gut für alle Situationen. „Leiden und Schweigen" spricht er auch deshalb an, weil sein rechtes Ohr kaum noch Töne wahrnimmt, und er glaubt, daß bald auch sein linkes Ohr den Dienst versagen wird. Doch, so meint er, für einen Einsiedler sei die Taubheit eine „erwünschte Krankheit". Er ist froh, daß er wenigstens noch gut sehen kann.

Er sehnt sich danach, wieder einmal die Trikolore, die Fahne Frankreichs, flattern zu sehen. Am ehesten könnte dies in Marokko geschehen, doch „nach dem Sieg" will er zunächst nach Straßburg und Metz „pilgern". Wieder macht er sich Gedanken über die Zukunft der französischen Kolonien. Er hält nichts von einer übereilten Angleichung der jeweiligen Bewohner an den französischen Lebensstil. Vielmehr muß mit den verschiedensten Mitteln in jeder einzelnen Kolonie der dort sinnvollste Weg gesucht werden, die Eingeborenen zu echten Bürgern Frankreichs zu machen. Ganz behutsam muß die Bildung und Ausbildung der Eingeborenen gefördert werden. Es müssen moralische Grundsätze eingepflanzt werden. An dritter und letzter Stelle nennt Charles de Foucauld die Hebung des Lebensstandards.

Er begrüßt den Bau einer Autostraße zwischen Ouargla und In-Salah. In einem Jahr soll es im Fort Motylinski, das etwa 50 km von Tamanrasset entfernt liegt, eine drahtlose Telegraphenstation geben. Militärisch, verwaltungstechnisch und politisch ist dies seiner Meinung nach eine glückliche Entwicklung. Ende März bessert sich sein rechtes Ohr.

Mitte April 1916 schreibt er seiner Cousine Marie, daß die Situation in der Sahara für die Franzosen immer bedrohlicher werde. Aufständische Senoussi haben das Fort Djanet erobert. Damit ist der Weg frei in Richtung Fort Motylinski und Tamanrasset. Im Fort Motylinski sind nur noch 25 Soldaten stationiert. Er hat ihnen geraten, sich mit Waffen und Proviant an einen Ort zurückzuziehen, wo es Wasser gibt und wo man sich gut verteidigen kann. Er steht mit dem Kommandanten des Fort Motylinski, einem Fähnrich Constant, in ständiger Verbindung. Er will ihn öfter besuchen, und er wird den Soldaten helfen, wenn Fort Motylinski angegriffen wird. Bei einem Besuch im Fort sucht er den Punkt aus, an den sie sich zurückziehen könnten. Die Arbeit an der Autostraße, die drei Wochen lang geruht hatte, wird wieder aufgenommen, als sich herausstellt, daß die Rebellen nicht direkt auf Fort Motylinski zumarschieren. Am 15.5.1916 erhält er die Nachricht vom Tod des Obersten Driant, den er von seiner Zeit in Saint-Cyr her kennt und schätzt. Seine Gedanken gehen zwischen früheren Zeiten, den Kriegsereignissen, Gedanken über das Christentum und über die Rolle Frankreichs hin und her. So schreibt er am 13.6.1916 an einen Freund, es sei ein großes Gnadengeschenk Gottes, daß Frankreich sich um 50 Millionen Ungläubige kümmern dürfe. Es sei unverantwortlich, diese Aufgabe aus Gleichgültigkeit und Egoismus nicht entschlossen anzupacken.

Inzwischen ist der Süden Libyens in der Gewalt der Rebellen, und die Franzosen müssen an dieser Flanke besonders wachsam sein. Am 23. Juni 1916 zieht Charles de Foucauld in ein halbfertiges Zufluchtsnest ganz in der Nähe der Einsiedelei um. Sechs Tage später erreicht ihn die

Nachricht vom Tod Croziers. Damit sind zunächst alle Hoffnungen begraben, in Frankreich so etwas wie die Keimzelle der Gemeinschaft der Kleinen Brüder und Schwestern vom Herzen Jesu zu bilden. Crozier hat sich darum bemüht, leider vergeblich.

Ihm bleibt im Augenblick das eine: Ungläubige zu bekehren. Da dies nicht gelingt, muß er sich bemühen, die Franzosen in der Sahara zu echten Christen zu machen, damit die Afrikaner in ihnen ein Vorbild christlichen Lebens sehen können. Zuerst müssen die Franzosen missioniert werden, dann erst kann man an die Missionierung der Heiden gehen.

Doch wenn man täglich mit dem Anrücken der Rebellen rechnen muß, bleiben wenig Möglichkeiten für eine Missionsarbeit. Zuerst einmal muß man überleben. Ein Großteil der Tuareg bleibt ruhig. Von ihnen droht den Franzosen keine Gefahr, aber da sind einzelne Rebellen, Verräter, Überläufer. Was soll man mit ihnen tun? Geht man mit Gewalt gegen sie vor, werden sie nur verstockter. Unternimmt man nichts, werden die Friedlichen an der Durchsetzungskraft der Franzosen zweifeln und resignieren. Am 15. September 1916 schreibt Charles de Foucauld seiner Cousine Marie, er habe den Zufluchtsort für die Bevölkerung weiter befestigt. Er ist nur einen Kilometer von seiner Einsiedelei entfernt und nahe beim Dorf, so daß der Fluchtweg kurz ist, wenn die Feinde kommen. Er hat es abgelehnt, zu den Soldaten ins Fort Motylinski zu kommen, wo er vielleicht sicherer wäre. Er will die Dorfbewohner nicht im Stich lassen. Wieder denkt er über den Augenblick hinaus: Wie kann man diesen Wüstenbewohnern, die in Unwissenheit und Angst dahinleben, wirklich helfen? Wo sind die Vorbilder? Er hat auf seinen drei Reisen nach Frankreich gesehen, was er in diesem Punkt von den durchschnittlichen Franzosen erwarten kann: nämlich nichts.

Aber wieder gibt es naheliegendere Probleme zu lösen. Im kommenden Winter wird es an Nahrungsmitteln fehlen. Da muß vorgesorgt werden. Seine Cousine Marie hat etwas Geld geschickt. Davon wird er Nahrungsmittel kaufen und Vorräte anlegen, um Hungernden helfen zu können. Dazwischen findet er noch Zeit, die Sammlung von Zeugnissen der Poesie der Tuareg abzuschließen.

Am 1. Dezember 1916 schreibt er Briefe an seine Schwester Marie, an seine Cousine Marie, an General Laperrine, an einen anderen Offizier und an M. Louis Massignon, einen Bekannten aus seiner Militärzeit, der jetzt als Dolmetscher im Militärdienst tätig ist. In allen diesen Briefen versichert er, im Augenblick sei die Lage ruhig, man brauche nichts zu fürchten.

Massignon schreibt er, dieser habe das Richtige getan, als er um Überstellung zur kämpfenden Truppe gebeten habe. Die Christen seien dazu aufgerufen, in Augenblicken höchster Gefahr ein Beispiel an Opferfreudigkeit zu geben, und schließlich gehe es darum, die Ehre hochzuhalten. Er solle sich keine Sorge um seine Familie machen. Falls er im Kampf fallen sollte, werde Gott für seine Frau und seine Kinder sorgen. Er wünscht ihm ein gesegnetes Weihnachtsfest und ein gnadenreiches Neues Jahr. Jesus, Maria und Josef werden bei ihm sein.

Henri Laperrine, der inzwischen zum General befördert worden ist, befindet sich zu diesem Zeitpunkt an der Somme, wo die Franzosen den Deutschen erbitterten Widerstand leisten. Seit der Rekrutenzeit verbindet die beiden gegenseitiger Respekt und Anteilnahme.

In seinem Brief an Lapperine spricht Charles de Foucauld über einen gewissen Aymard de Foucauld, von dessen Tod ihm Henri Laperrine berichtet hat. Er kennt diesen Aymard nicht genau, weil er den größten Teil seines Lebens außerhalb Frankreichs verbracht hat und deshalb nicht alle Foucaulds kennengelernt hat. Er zeigt aber auch hier einen ausgeprägten Familiensinn, hat er doch immer wieder erfahren, welch eine Hilfe und Stütze eine verläßliche Familie ist. Er erkundigt sich nach dem Befinden von Laperrines Bruder und bittet den Freund, diesen Bruder zu grüßen. Es folgen Angaben über die militärische Lage in der Sahara und über das Wetter. Der Brief zeigt einen gelösten

Charles de Foucauld. Auch diesen Brief schließt er mit der Hoffnung, daß Gott Frankreich und seine Alliierten beschützen möge.

Seiner Schwester Marie teilt er mit, daß er „nach dem Sieg" mehrere Monate in Frankreich verbringen und „gute Tage" verleben will. Ihm gehe es gut. Er erzählt vom Wetter, von der militärischen Situation und davon, daß die Verkehrsverbindungen in der Sahara allmählich besser werden. Er spricht von seiner Arbeit am Wörterbuch und der Sammlung der Poesie und Sprichwörter der Tuareg.

Der Mensch, mit dem er sich am engsten verbunden fühlt, ist und bleibt seine Cousine Marie. Zwischen 1889 und 1916 hat er ihr 734 zum Teil sehr lange Briefe geschrieben. Marie hat regelmäßig geantwortet. Ihr gegenüber hat er so gut wie keine Scheu, seine innersten Gedanken auszusprechen. In diesem Brief vom 1. Dezember 1916 spricht er offen aus, daß ihm keine Leiden erspart worden sind, doch er verweist auf Johannes vom Kreuz, der gesagt hat, daß derjenige, der zu leiden und zu lieben vermöge, alles könne.

Fünf zum Teil lange Briefe an einem Tag, Hinweise auf Briefe, die er von den Adressaten erhalten hat: Dies zeigt, wie sehr Charles de Foucauld den Gedankenaustausch, vielleicht auch nur einfach den Kontakt mit anderen Menschen schätzte und nötig hatte; und die intensive Korrespondenz zeigt auch, wie viele Menschen ihn mochten und schätzten. Was in allen seinen Briefen auffällt, ist sein gemessener, freundlicher, nie plump-vertraulicher Ton.

Gegen 7 Uhr – es wird schon dunkel – nähern sich rebellische Senoussi dem Dorf und der Einsiedelei. Sie wollen vor allem das Zufluchtsnest plündern. Sie haben einige Unzufriedene in der Umgebung aufgelesen. Diese kennen die Örtlichkeiten und die Gewohnheiten des Einsiedlers. Unter ihnen ist ein gewisser El Madani Ag Soda, dem Charles de Foucauld mehr als einmal geholfen hat. Dieser El Madani nähert sich dem Zufluchtsort, in dem der Einsiedler ganz allein lebt, seit sein Hausdiener, Paul Embarek, geheiratet hat und mit seiner Frau ein wenig abseits wohnt. El Madani ruft, die Post sei gekommen. Charles de

Foucauld erkennt die Stimme, öffnet die Tür und streckt die Hand aus. Zwei Männer zerren ihn nach draußen und binden ihm Hände und Füße zusammen. Ein Junge von etwa 15 Jahren bewacht den Gefesselten, während die übrigen, rund 40 Rebellen, das Innere plündern und nach dem Hausdiener suchen. Sie finden ihn und bringen ihn in die Nähe Charles de Foucaulds. Die beiden sprechen kein Wort miteinander. Die Rebellen finden nicht soviel, wie sie erwartet haben. Sie fragen Charles de Foucauld, was er über die Verlegung von Truppen und Vorräten wisse. Er antwortet nicht, sondern betet weiter.

Plötzlich nähern sich zwei Soldaten, die zur Besatzung des Forts Motylinski gehören. Sie sind gekommen, um Charles de Foucauld zu grüßen, bevor sie ins Fort zurückkehren. Der Bewacher des Gefangenen wird nervös. Er glaubt, die beiden Soldaten seien gekommen, um den Einsiedler zu befreien. Er richtet sein Gewehr auf den Kopf Charles de Foucaulds und drückt ab. Die Kugel dringt hinter dem rechten Ohr ein und tritt am linken aus. Charles de Foucauld ist sofort tot. Weil einer der Rebellen dazwischen kommt, wird Paul Embarek nicht erschossen. Die beiden Soldaten, die zufällig dazugekommen sind und ungewollt den Tod Charles de Foucaulds verursacht haben, werden niedergeschossen.

Die Rebellen bleiben die Nacht über in Tamanrasset. Als am Morgen ein Soldat kommt, um die Post zu bringen, wird auch er erschossen. Danach brechen die Plünderer mit ihrer Beute auf: Das sind zwölf Gewehre, die er zur Verteidigung der Bewohner von Tamanrasset vom Kommandanten des Forts Motylinski erbeten hatte, zwei Karabiner und Munition, möglicherweise Geld, das Charles de Foucauld an Bedürftige verteilen wollte, vielleicht auch Lebensmittel. Wir wissen nicht, ob sie es im wesentlichen auf die Waffen abgesehen hatten. Es wird sich auch nie klären lassen, wieweit der Fanatismus einiger Plünderer, die sich im „Heiligen Krieg" des Islam gegen die Christen und Kolonisatoren fühlten, bei der Ermordung Charles de Foucaulds eine Rolle gespielt hat. Dafür, daß es den

Plünderern im wesentlichen um Waffen, Geld und Lebensmittel ging, spricht der Umstand, daß sie die Manuskripte des Wörterbuchs Tuareg-Französisch und der Poesie der Tuareg und die Briefe, die er am 1. Dezember geschrieben hatte, nicht mitgenommen und nicht vernichtet haben. Auch haben sie die wenigen religiösen Gegenstände gelassen, wo sie waren. So gut wie nichts spricht für eine geplante Tötung des Einsiedlers, etliches dafür, daß sie ihn als Geisel verschleppen wollten.

Paul Embarak begräbt zusammen mit Dorfbewohnern die vier Toten in dem Graben, der das Verteidigungsnest umgibt. Später kommt der Kommandant des Forts Motylinski mit einigen Soldaten, und sie erweisen den vier Ermordeten die letzte Ehre. In einem Brief, den Charles de Foucauld für den Fall seines Todes am 24.10.1914 geschrieben hat und der seiner Schwester Marie zugestellt werden soll, bittet er darum, an dem Ort begraben zu werden, wo er sterben wird. Er möchte ganz schlicht begraben werden, ohne Sarg; kein Grabstein, nur ein Kreuz aus Holz. Bereits am 13.12.1911 hat er verfügt, daß man seinen Leichnam ruhen lassen und an keinen anderen Ort bringen soll. Seinen Schwager bittet er, im Fall seines Todes seine Habseligkeiten an Freunde in und um Tamanrasset zu verschenken.

Im Dezember 1917 kommt General Laperrine an das Grab seines Freundes, dessen Leichnam nur mit etwas Erde bedeckt ist. Er läßt 200 Meter von dem Verteidigungsnest entfernt ein Grab ausheben und den Leichnam Charles de Foucaulds hineinlegen. Entsprechend dem Wunsch des Verstorbenen markiert nur ein schlichtes Holzkreuz ohne Schriftzeichen das bescheidene Grab. Als General Laperrine am 5.3.1920 in der Sahara stirbt, wird er an der Seite seines Freundes Charles de Foucauld begraben.

Wer war Charles de Foucauld?
Versuch einer Lebenssumme

Charles de Foucauld steht nicht einfach vor uns wie ein aufgeschlagenes Meßbuch mit Riesenlettern. Er ist komplex.

Eine lange Strecke läuft sein Leben im Zickzack. Dann kommt er in der Wüste zur Ruhe. Die erhaltenen Fotos zeigen eine rasche, starke Veränderung der Physiognomie. Der eigenwillige Individualist mag auf Seelenführer und andere Ratgeber nicht verzichten. Der Mann, der einen Orden gründen will, kommt mit den beiden ersten und einzigen Aspiranten nicht zurecht. Seiner Cousine Marie gestattet er Einblicke in sein Seelenleben, anderen nur teilweise oder gar nicht. Der entschiedene Kritiker der französischen Kolonialpolitik und des französischen Wohlstandsbürgertums ist zugleich ein glühender Patriot. Der Christ und Priester ist zuweilen von einer großen Traurigkeit erfüllt, der Tod ist ihm nicht unwillkommen.

Solche Beobachtungen sind allerdings belanglos angesichts dessen, was Charles de Foucauld (ähnlich wie Paulus, Augustinus oder Teresa von Avila) aus (vermeintlichen?) Widersprüchen, Brüchen und Spannungen an Zukunftsweisendem gemacht hat.

Er hat dem Trend zum immer Größeren, Gewaltigeren, Überflüssigen sein *Kleiner! Möglichst klein!* entgegengesetzt. Er hat, über seine fundierte Kritik an der Kolonialpolitik der europäischen Großmächte hinaus, Afrikanern ihre afrikanische Identität bewußt gemacht, dies lange bevor andere auf solche Gedanken kamen.

Daraus folgte, daß er nicht herablassend auf seinem europäischen Standpunkt stehenblieb, sondern sich auf die Lebensgewohnheiten und die Gedanken der Wüstenbewohner zubewegte. Es ging ihm nicht um schnelle, zahlreiche Bekehrungen und Taufen. Vielmehr wollte er die Muslime in der Wüste durch Teilnahme an ihren Sorgen, vor allem an ihrer Traurigkeit, durch tätige Hilfe und geduldiges Zuhören in kleinsten Schritten vom Wert der Frohbotschaft überzeugen. Dabei sah er in den Wüstenbewohnern, was Karl Rahner später „anonyme Christen" nennen würde. Nicht zuletzt durch Krankheiten und Depressionen bedingt, schwankt Charles de Foucaulds Auffassung von seiner Aufgabe unter den afrikanischen Muslimen (ähnlich wie Karl Rahner etwa 1979 seine Auffassung von den „anonymen Christen" dahin revidierte, daß man mit Menschen anderer Religionen in einem offenen, kritischen Dialog bleiben solle, daß das Christentum dabei aber eine Art Seniorenrolle übernehmen müsse).

Er erkennt die Bedeutung der Laien in der Kirche, die dort das Evangelium verkünden sollten, wo kein Priester mehr etwas erreichen kann. Aufgabe der Laien ist wiederum nicht die hastige Bekehrung, sondern das geduldige, freundliche, gütige Anteilnehmen am Leben der andern und damit „einschlußweise", d. h. mitlaufend, sich still und unauffällig entwickelnd, die Verchristlichung des Milieus, in dem die anderen leben.

Bei seinen geistigen Alleingängen verlor sich Charles de Foucauld nie in „revolutionären" Sonderlichkeiten. Ihm war stets bewußt, daß Persönlichkeit allein nicht genug ist und daß kühne Schritte in Neuland allein noch kein neues Leben bedeuten. Er wußte, daß solche geistigen Expeditionen irgendwie organisiert sein müssen, vor allem durch traditionelle geistliche Formen, durch Kirche und Kirchliches. Deshalb feierte er täglich das Meßopfer, erforschte regelmäßig sein Gewissen, las immer wieder in den Schriften religiöser Denker der Vergangenheit. Er war für geistige Disziplin und Stille und gegen jenen exzentrischen Aktivismus, der unseren Geist sehr leicht mit Dämonen der Trivialität bevölkert und so jene Vorstellungen ausschließt, die im besten Sinn produktiv sind.

Das Erstaunlichste aber an dieser erstaunlichen Persönlichkeit ist seine Fernwirkung: Die Geistliche Familie, die er selber gründen wollte und nicht gründen konnte, gründet sich Jahrzehnte nach seinem Tod beinahe von selbst. Der einsame, verlorene Mann in der Wüste beschäftigt die Gedanken unzähliger Menschen unserer Tage, und sehr vielen steht Charles de Foucauld für den tröstlichen Satz, daß aus dem vermeintlich Verquertesten etwas Gerades werden kann, daß immer wieder ein Anfang möglich ist, daß, kurz gesagt, die Kraft auch oder gerade in der Schwäche zur Vollendung kommt.

Die Geistliche Familie von Charles de Foucauld

Die Familienmitglieder

Eine Darstellung Charles de Foucaulds wäre unvollständig, ginge sie nicht kurz auf die Frage ein, ob und wie die Ordensgemeinschaft, die er gründen wollte, Wirklichkeit geworden ist.

Ab 1933 geht die Saat, die Charles de Foucauld gelegt hat, auf. Man kann heute von einer lebendigen, verzweigten „Geistlichen Familie von Charles de Foucauld" sprechen. Die einzelnen Zweige dieser Geistlichen Familie haben unterschiedliche Strukturen und Aufgabenfelder, ihnen allen aber ist die Art von Christusnachfolge gemeinsam, die Charles de Foucauld vorgelebt hat.

Zentrales Anliegen ist, dem folgenden Jesuswort so gut wie möglich zu entsprechen: „Was ihr für den geringsten meiner Brüder getan habt, das habt ihr für mich getan" (Mt 25,40). Von dieser Äußerung Jesu hat Charles de Foucauld gesagt, kein anderes Wort des Evangeliums habe sein Leben so verändert wie dieses. Gleichsam unter dem Dach dieses Mottos bemühen sich die Mitglieder der „Geistlichen Familie von Charles de Foucauld", dessen wesentliche Impulse tagtäglich zu verwirklichen: im Geist von Nazaret leben, sich klein machen, arm leben, sich immer wieder in der Stille sammeln, sich Kraft holen bei der Eucharistie, Solidarität üben mit den Unbehüteten, Bedürftigen, Unterdrückten, an den Rand Gedrängten und Verzweifelten in aller Welt. Dabei achten sie genau auf die besonderen Bedingungen des Ortes und der Situation, mit denen sie jeweils konfrontiert sind. „Sozialromantik" und planloses, „gefühliges" Helfen haben hier keinen Platz und keine Chance. Besondere Wirklichkeitsnähe bekommt ihr Tun und Denken dadurch, daß sie sich, genau wie Charles de Foucauld, vor jedem Schritt fragen, wie Jesus sich wohl in diesem konkreten Fall verhalten würde.

Ich möchte im folgenden die verschiedenen Zweige der „Geistlichen Familie von Charles de Foucauld" nennen und kurz ihre Mitglieder und deren wesentliche Aufgaben und Tätigkeiten charakterisieren.

Die Ordensgemeinschaften

Frauen: Kleine Schwestern Jesu; Kleine Schwestern vom Evangelium; Kleine Schwestern vom Herzen Jesu; Nazaret-Schwestern von Charles de Foucauld

Männer: Kleine Brüder Jesu; Kleine Brüder vom Evangelium

Es gibt sie fast überall. In letzter Zeit sind vor allem in Haiti und in Kanada Brüder-, in Zentralafrika Schwesterngemeinschaften entstanden.

Gemeinschaft Charles de Foucauld

Ihre Mitglieder sind Ehepaare, Unverheiratete, auch Priester. Sie gehen ihrer Arbeit nach und kommen, je nach Möglichkeit, einmal in der Woche oder im Monat oder wann immer sie können, zu Bibel- und Anbetungsstunden zusammen.

Fraternität Jesus-Caritas

Ihr gehören nur Frauen an, die meist berufstätig sind. Sie leben nach den „evangelischen Räten", d. h. sie verpflichten sich zu Gehorsam, Armut und Ehelosigkeit. Frauen eines Bezirks treffen sich einmal im Monat zu einem gemeinsamen Wochenende. Einmal im Jahr versammeln sie sich zu Exerzitien und zum Gedankenaustausch.

Priester aus den verschiedensten Wirkungsbereichen sehen in dem Beispiel Charles de Foucaulds wertvolle Fingerzeige für ihre tägliche Arbeit. Möglichst jeden Monat treffen sich die Mitglieder, um im Geist Charles de Foucaulds gemeinsam zu überlegen, wie das Evangelium noch wirksamer in heutige Lebenspraxis umgesetzt werden kann. Zugleich sind solche Zusammenkünfte, bei denen auch Laienchristen willkommen sind, geistliche „Atempausen" und Gelegenheit zur Meditation.

Hinzu kommen viele einzelne Menschen, die von Charles de Foucauld beeindruckt sind, sich mit ihm beschäftigen und ihn auf sich wirken lassen, ohne daß das jemand bemerkte; und da sind noch diejenigen, vor allem junge Menschen, die unterwegs sind zu einem der Orden in der Nachfolge des Charles de Foucauld.
Ich möchte zunächst kurz über das Selbstverständnis und die Lebens- und Arbeitsformen der Ordensgemeinschaften informieren. Sie wohnen unauffällig unter den Menschen, vor allem dort, wo Benachteiligte leben: in Satellitenstädten, in denen Menschen aus vielen verschiedenen Ländern, politischen Systemen und Religionen erst Formen des Zusammenlebens erproben müssen; in Elendsvierteln an den Rändern von Riesenstädten; in Vierteln, in denen sehr viele Menschen arbeitslos sind; in Hafengegenden, kurz: in all jenen Wohngegenden, die der sogenannte normale Bürger nach Möglichkeit meidet.
In der Regel zwei bis vier Schwestern oder Brüder mieten eine kleine Wohnung. Sie arbeiten wie die Leute des Viertels, in dem sie wohnen, beispielsweise in Fabriken, Handwerksbetrieben, Großküchen, Kaufhäusern, bei der Müllabfuhr oder bei einer Spedition. Auch äußerlich wollen sich die Schwestern und Brüder nach Möglichkeit nicht von den Menschen in ihrer Umgebung unterscheiden. Die Mitglieder der meisten Gemeinschaften tragen Zivil. Durch ihr unauffälliges, unaufdringliches Beispiel

vermögen sie den Menschen in ihrer unmittelbaren Umgebung zumindest eine Ahnung von der Frohbotschaft Christi zu geben. Sie wollen dadurch überzeugen, daß sie das meist schwere Leben der Mitmenschen teilen, für sie da sind, wenn diese um Hilfe nachsuchen und Zuspruch wünschen.

Die Schwestern und Brüder der Geistlichen Familie des Charles de Foucauld stehen allen zur Verfügung, die zu ihnen kommen, die sich angezogen fühlen von dem Geist der Menschenfreundlichkeit, der in den Schwestern und Brüdern wohnt und der seine Quelle in der Liebe Jesu Christi zu den Menschen hat. „Wer kann sich schon verlassen fühlen, wenn er Jesus kennt und sich von ihm geliebt weiß?" hat Charles de Foucauld gesagt.

Solidarität mit den Kleinen, Benachteiligten, den Mühseligen und Beladenen, den Vergessenen, Scheuen, Hilflosen in den Hinterhöfen dieser Welt – wie kann diese Solidarität aussehen, in der kleinen Münze des Alltags?

Viele Menschen sind hilflos im Umgang mit Behörden; ausländische Arbeitnehmer kennen oft die Sprache des Gastlandes nicht. Da springen die Kleinen Schwestern und Brüder ein, helfen beim Ausfüllen von Formularen, stellen Kontakte zu Organisationen her, begleiten Unsichere und Hilflose zu Ämtern. Viele Menschen an den Rändern der Gesellschaft fürchten Behörden und alles Offizielle geradezu: Prostituierte, Trinker, Nicht-Seßhafte sind offener, wenn ihnen jemand Schwester oder Bruder sein und ihnen helfen will, die oder der nicht im Geruch steht, im Dienst irgendwelcher Institutionen zu agieren. Zusätzliches Vertrauen gewinnen die Kleinen Schwestern und Brüder dadurch, daß sie sich nicht vor die Kameras und die Mikrofone drängen, ja ausgesprochen kamera- und pressescheu sind. Sie sind nicht auf Publizität und Selbstdarstellung aus; und sie möchten das Vertrauen der Menschen, denen sie Schwestern und Brüder sein wollen, nicht dadurch verlieren, daß sie diese der Öffentlichkeit aussetzen.

Die unauffällige Gegenwart in einem schwierigen Umfeld

ist ganz im Geist Charles de Foucaulds (oder Bruder Karls, wie ihn die Schwestern und Brüder nennen). Er hat beispielsweise nie versucht, die Tuareg zu typisch französischen Lebensgewohnheiten zu überreden, und es war nie seine Absicht, sie nach Art vieler Missionare des 19. Jahrhunderts möglichst rasch und zahlreich zum christlichen Glauben zu bekehren. Er hat vielmehr das Christentum unter ihnen gelebt, ohne den missionarischen Zeigefinger zu heben. Nicht daß es ihm gleichgültig gewesen wäre, die Muslime dazu zu bewegen, Christus und seine Frohbotschaft schätzen und lieben zu lernen, aber dies war für ihn, wenn überhaupt, nur durch stille, freundliche Präsenz im Geist Christi möglich, nicht durch direktes, aufdringliches Apostolat. Und so üben auch die Kleinen Schwestern und Brüder auf die meist unbürgerlichen, randständigen Mitbürger oder die Menschen aus fremden Kulturen keinen Zivilisierungs- und keinen Bekehrungsdruck aus.

Den anderen Menschen Schwester und Bruder sein fordert aber mehr als bloße Liebenswürdigkeit und Hilfsbereitschaft. Man muß die Lebensumstände, die Gewohnheiten und wenn möglich die Sprachen der anderen kennen. Deshalb lernte Charles de Foucauld die Sprache der Tuareg, deshalb erarbeitete er ein Wörterbuch Tuareg-Französisch / Französisch-Tuareg und sammelte die Mythen und Lieder der Wüstenbewohner, deshalb regte er ein Buch über den aktuellen Stand der Dinge in der Sahara an, um die Franzosen in die Lage zu versetzen, mit den Afrikanern in ein fruchtbares Gespräch einzutreten und deren Eigenart und kulturelle Eigenständigkeit zu erkennen. Selbst sinnvolle Verwaltungsarbeit war für ihn nur dann möglich, wenn man die Umstände und die Menschen an Ort und Stelle gründlich kannte.

In der gleichen Weise informieren sich die Kleinen Schwestern und Brüder so genau wie möglich über das Milieu, in dem die Menschen leben, deren Leben sie teilen wollen, und sie kennen auch deren Umfeld. Auf diese Weise können sie ihnen nicht nur in den kleinen und großen Nöten des Alltags wirksam helfen, sondern auch ihr Selbstgefühl stärken. Dies geschieht unter anderem dadurch, daß man beispielsweise ausländische Arbeitnehmer auf ihr eigenes Kulturgut und ihr überliefertes Brauchtum verweist und ihnen so hilft, sich eine Portion Selbstgefühl zu erhalten, indem sie dieses Brauchtum auch oder gerade in ungewohnter Umgebung pflegen.

Nehmen wir als Beispiel die französische Hafenstadt Marseille. Hier gibt es Menschen vieler Rassen und Nationalitäten, Einwanderer, Rückwanderer, Obdachlose. Viele kommen aus Nordafrika und von den Antillen. Die Hälfte davon sind Muslime oder gehören den verschiedensten Sekten an. Die Kleinen Brüder verzichten auf jede direkte Bekehrungsarbeit; sie teilen das Leben dieser Menschen und bestärken sie in dem, was sie an wertvoller Kultur und an Bräuchen aus ihrer Heimat mitgebracht haben. Die Kleinen Brüder helfen beispielsweise jungen Menschen von den Antillen, sich zu Tanz- und Theatergruppen zusammenzufinden. Sie haben einen Freizeitclub und eine Mediothek eingerichtet und verleihen Schallplatten mit der Musik, wie man sie auf den Antillen macht und mag. So werden die Jugendlichen in ihrer kulturellen Identität bestärkt. Diese hilft ihnen, ihre Isolation und ihre Lebensangst in einer modernen westeuropäischen Großstadt wenn nicht gleich zu überwinden, dann doch zu mildern. Sofern sie Arbeit haben, sind sie mit den Kleinen Brüdern auch am Arbeitsplatz zusammen und erfahren sie als Brüder, nicht als Missionare und nicht als Sozialromantiker mit Rückfahrkarte für ein abgestütztes bürgerliches Leben. Haben andere nur Teilzeitarbeit, verzichten auch die Kleinen Brüder auf einen vollen Arbeitsplatz, und sie suchen keine Arbeit, die „angenehm" und „sauber" ist. Sie möchten bei denen bleiben, die schmutzige Arbeit tun müssen.

Auch die Kleinen Schwestern halten sich unauffällig unter denen auf, die „unten" sind. Sie warten nicht auf Spenden oder Almosen, sondern gehen einer Arbeit nach. Sie kümmern sich um Prostituierte und Kinder in Slums oder verkaufen Devotionalien in Vergnügungsparks, um anderen helfen zu können, und sie achten sehr genau auf jede Veränderung der sozialen Szene.

Gast- und Wanderarbeiter haben vor allem unter der wirtschaftlichen Rezession zu leiden. Bleiben sie länger oder für immer im Gastland, kommen zu dem Verzichten-Müssen auf die tragende heimische Kultur noch materielle Not und ein sinkendes Selbstwertgefühl. Kehren sie in ihre Heimat zurück, kommen sie sich, nicht selten als „Deserteure" bespöttelt, fremd vor und können nicht mehr so recht Fuß fassen. Hier ergeben sich für die Kleinen Schwestern und Brüder neue Arbeitsbereiche. Weitere Problemgruppen rücken in den Vordergrund: Drogenabhängige, Homosexuelle, Asylsuchende und Aids-Kranke.

Hier gilt es, jeweils geeignete Mittel und Wege zu finden, um schnell und wirksam helfen zu können. Die dazu notwendige Beweglichkeit bewahren sich die Kleinen Brüder beispielsweise dadurch, daß sie nicht die Leitung einer Pfarre übernehmen, und die Kleinen Schwestern engagieren sich nicht zu stark im organisierten Gemeindeleben. Dies würde viel Schreib-, Sitzungs- und Organisationsarbeit erfordern, und die Nähe der Kleinen Schwestern und Brüder zu Institutionen und Behörden könnte viele Randständige und Hilfesuchende davon abhalten, sich an sie zu wenden.

Die Arbeit der Kleinen Schwestern und Brüder vor Ort ist deshalb meist der Art, daß sie keine Zuschauer, Reporter und Interviewer hat. Sie geschieht überwiegend in Bereichen, die alles andere als attraktiv, unterhaltsam oder sensationell sind.

Der andere Schwerpunkt des Alltags der Kleinen Schwestern und Brüder ist gleichsam unsichtbar, dringt überhaupt nicht an die Öffentlichkeit: das tägliche, mehrstündige Gebet, einzeln und in Gemeinschaft, das häufige Eucharistie-Feiern in der kleinen Kapelle, die es in jeder Wohnung gibt, in der Kleine Schwestern und Brüder leben. In dieser Kapelle wird ständig das Allerheiligste aufbewahrt. Die Stunden in dieser Kapelle sind für die Kleinen Schwestern und Brüder und mittelbar auch für die Menschen, unter denen sie leben, von entscheidender Bedeutung. Hier holen sie sich die Kraft, um den Alltag draußen zu bestehen. Das Gebet und die innere Sammlung bewahren sie gleichzeitig davor, sich in diesem lauten, anstrengenden, spannungsreichen, sehr weltlichen Alltag aufzureiben und sich vielleicht sogar darin zu verlieren. Man müßte mindestens die Hälfte eines Buches über die Kleinen Schwestern und Brüder unbedruckt, d. h. ganz weiß lassen, um anzudeuten, welche Rolle das stille Gebet und die Betrachtung in ihrem Leben spielen (und im Leben aller Christen spielen sollten).

Beispiele

Kleine Schwestern Shirley und Chantal

Schwester Shirley und Schwester Chantal gehören der Gemeinschaft der Kleinen Schwestern vom Herzen Jesu an. Diese Gemeinschaft umfaßt im Augenblick rund 50 Schwestern. Die Fraternitäten sind vor allem in Afrika, aber auch in Europa und in Südamerika.
1902 hat Charles de Foucauld eine Regel für die Kleinen Schwestern verfaßt. Sie beginnt mit den Sätzen:

> Mithelfen, daß Jesus
> und die *Liebe* regieren...
> Das ist, ihrem Namen gemäß,
> die Sendung der Kleinen Schwestern
> vom Herzen Jesu.
> Sie wollen Jesus und die Liebe herrschen lassen,
> in ihren Herzen und in ihrer Umwelt.
> Ihre Fraternitäten, dem Heiligsten Herzen gewidmet,
> sollen wie Er auf Erden Licht ausstrahlen
> und das „Feuer bringen".

Im August 1933 treffen sich in der Nähe von Montpellier in Südfrankreich einige Frauen, die sich entschlossen haben, dieser Regel gemäß zu leben. Die Billigung der Regel durch die Kirche im Jahr 1948 macht aus der Fraternität eine neue Ordensfamilie.

Die Lebensregel, nach der die Kleinen Schwestern vom Herzen Jesu heute leben, folgt dem Geist, nicht mehr ausschließlich dem Buchstaben der Regel von 1902. Ihre Schwerpunkte lauten:

> Die Nachfolge Jesu von Nazaret im jeweiligen Hier und Heute
> Die Eucharistie – „Gott mitten unter uns"
> Solidarität mit Menschen, die arm, randständig oder ausgeschlossen sind, besonders in der Dritten Welt.

Alle einzelnen Schritte und Entscheidungen ergeben sich aus diesen Schwerpunkten.

Die Kleinen Schwestern vom Herzen Jesu definieren es so: Wir möchten im grauen Alltag Raum schaffen für die Liebe Jesu, für Gebet und andere „zwecklose" Tätigkeiten.

> „Die Eucharistie
> ist *Jesus*,
> der ganze *Jesus*."

Wir teilen mit den kleinen und unbedeutenden Leuten ihr eintöniges und oft mühseliges Leben. Da werden die unscheinbaren Ereignisse des mitmenschlichen Lebens zu Gelegenheiten, die Frohe Botschaft von Gottes Liebe Wirklichkeit werden zu lassen.

> „Nazaret ist überall,
> wo man mit Jesus arbeitet,
> arbeitet,
> in Demut,
> Armut
> und Schweigen."

Äußerlich unterscheiden wir uns nicht von den Leuten, in deren Mitte wir wohnen, weder durch Ordenstracht noch durch Klosterbau.

> „Gott, um uns zu retten,
> ist zu uns gekommen
> und hat mit uns
> im vertrautesten

und engsten Kontakt gelebt…"
und:
„Jesus genügt.
Dort, wo er ist,
fehlt nichts."

Kleine Schwestern Shirley und Chantal wohnen in Chorweiler, einem „Satelliten" von Köln im Norden der Domstadt. Chorweiler ist ein städtebauliches Experiment mit „futuristischen" Zügen. Hochhäuser mit 17 oder 20 Stockwerken und höher, mit dreieckigen, kleinen Balkonen, blau und rot gestrichen, Aufzügen, schmalen Korridoren. „Wohnmaschinen", sagen Besucher vom Land, „Zukunftshäuser", sagen die forschen Architekten, die solche neuen Städte planen und bauen. Hier in Chorweiler hört man viele verschiedene Sprachen; auf den Türschildern stehen spanische, portugiesische, italienische, türkische, arabische und andere Namen. Eine Frau in langem schwarzem Kleid und schwarzem Kopftuch geht an einem Mädchen mit Minirock und Pferdeschwanz vorüber. In dem weitläufigen, mehrstöckigen City-Center ist eine Bewegung und ein Summen wie in einem Basar. Kaufhäuser, kleine Läden, Gaststätten gehen ineinander über. Auf Bänken, stellenweise mit lebensgroßen Plastiken besetzt, kann man ausruhen und plaudern. Ausgesprochen klein, unscheinbar braunrot, wirken dagegen die beiden Kirchen, die katholische und die evangelische. Keine einladenden Portale. Schließlich gibt es hier in Chorweiler viele Angehörige anderer Religionen. Vielleicht wollte man deshalb die Zeichen der christlichen Bekenntnisse nicht so deutlich herausstellen. An der evangelischen Kirche steht ein Schild: Atomwaffenfreie Zone. Die Bezeichnungen der Straßen und Plätze sind, entsprechend der gemischten Bevölkerung, nicht „kölsch"-bodenständig, sondern international: Pariser Platz, Londoner Platz, Osloer Straße, Uppsalasteig usw. Hallenbad, Bibliothek, Treffpunkte für junge und alte Leute liegen nicht weit auseinander.

Ein Experiment, ein Vorgeschmack einer sich immer stärker durchmischenden Welt, kosmopolitisch. Aber natür-

lich vollziehen sich solche Durchmischungen nicht rei-
bungslos, schon gar nicht in Zeiten wirtschaftlicher Rezession, steigender Arbeitslosenzahlen und zunehmender
Kriminalität.

Genau hier haben sich Schwester Shirley und Schwester
Chantal in einem Hochhaus eingemietet. Am Hauptein-
gang sind neben den Klingeln viele Namensschildchen an-
gebracht. Das Schildchen der beiden Schwestern fällt nicht
aus dem Rahmen: zwei ausländische Familiennamen unter
vielen anderen fremd klingenden Namen. Die kleine Wohnung im 9. Stock umfaßt Küche, Wohnzimmer, Schlaf-
zimmer, Kapelle und Bad. Schwester Shirley ist Engländerin, Schwester Chantal Französin. Sie haben sich endgültig zur Nachfolge Jesu in Armut, Ehelosigkeit und Gehorsam verpflichtet. Beide sprechen fließend Deutsch.

Wie kommen eine Engländerin und eine Französin ausge-
rechnet nach Chorweiler? Beide sind vorher in Afrika gewesen. Schwester Shirley in Mali, Schwester Chantal in
Algerien. Zehn, beziehungsweise vier Jahre lang. Dazu
sagt Schwester Chantal: „In Algerien war ich die Europäe-
rin unter den dortigen Eingeborenen. Sie sahen in mir
etwas ‚Höheres, Besseres‘. Das wollte ich nicht. In Frankreich war ich unter Landsleuten. Hier in Chorweiler habe
ich den vielen anderen ausländischen Mitbürgerinnen und
Mitbürgern nichts voraus. Ich muß mich hier genauso zu-
rechtfinden wie sie.“

Sie arbeitet in einer Teeküche für alte Menschen. Sie ist
praktisch gekleidet, wie es ihre Tätigkeit erfordert. Bis
zum Beginn der 70er Jahre trugen die Kleinen Schwestern
vom Herzen Jesu eine weiße Tracht, die der der Karmeli-
tinnen ähnelt. Vorne auf der Brust war ein Herz mit einem
kleinen Kreuz darüber aufgenäht, das auch Charles de
Foucauld trug. Heute kleiden sich die Schwestern wie
andere Frauen auch. So ist es leichter für sie, Arbeit zu
finden, und so können sie unauffällig unter anderen Menschen anwesend sein. Schwester Chantal hat in der Teeküche nicht verbreitet, daß sie Schwester vom Herzen Jesu
ist. Bis heute wissen es nicht alle.

Einmal am Tag betet sie mit Schwester Shirley zusammen in der Kleinen Kapelle. Ihre Arbeit erlaubt es nicht, daß sie dreimal täglich zusammen beten, wie dies sonst üblich ist. Dazu kommen noch täglich zwei Stunden privates Gebet und Betrachtung.

Die Kapelle ist schlicht. An einen etwa 50 Zentimeter hohen Holzstamm, der auf dem Boden steht, ist ein Kreuz geheftet. Davor steht ein kürbisartiger Behälter aus Südamerika, in dem das Allerheiligste aufbewahrt wird. Ein Licht brennt in seiner Nähe. Keine Stühle, keine Bänke. Gar nichts, was ablenken könnte. Nur das Allernötigste. Hier kann man mit sich selber und mit Gott allein sein.

Wie sind Schwester Shirley und Schwester Chantal nun zum Orden der Kleinen Schwestern vom Herzen Jesu gekommen? Schwester Shirley kam nach Frankreich und arbeitete dort. Sie bekam M. Carrouges' Buch *Charles de Foucauld. Forscher und Beter* (Paris 1954) in die Hände und begann sich für Charles de Foucauld und seine Geistliche Familie zu interessieren. Sie suchte das Gespräch mit Kleinen Schwestern in Paris und machte eine Probezeit in einer Fraternität, um dort einfach mitzuleben und die Schwestern und ihren Alltag besser kennenzulernen. In Montpellier war sie dann zwei Jahre Novizin, wie es die Regel vorsieht. In dieser Zeit verwurzelte sie im Glauben und im Gebet, und sie vertiefte ihr theologisches Wissen. Dazu hatte sie genügend Zeit, denn damals arbeiteten die Kleinen Schwestern vom Herzen Jesu während des Noviziats noch nicht.

Heute gehen sie während des Noviziats teilweise zur Arbeit und studieren im Anschluß daran zwei Jahre Theologie. Während des Noviziats haben sie nach wie vor genügend Gelegenheit zur Stille und zum ungestörten Alleinsein mit Gott.

Nach ihrem Noviziat ging Schwester Shirley für zehn Jahre nach Mali (Afrika) und war im Anschluß daran zehn Jahre in der Zentralfraternität in Paris. Von dort kam sie nach Chorweiler.

Schwester Chantal hatte eine Lebensgeschichte des Charles de Foucauld gelesen und war davon sehr beeindruckt. Nach langer Zeit ging dann das Samenkorn auf: Sie hörte einen dringlichen inneren Ruf, sie solle, sie müsse ihr Leben ändern. Sie nimmt Kontakte mit Kleinen Schwestern auf. Ein Jahr lang überlegt sie: Soll ich den Schritt tun? Sie kämpft mit sich. Die Eltern sind nicht erbaut, als sie hören, daß ihre Tochter daran denkt, in einen Orden einzutreten. Sie sind religiös, sie haben nichts gegen geistliche Orden, aber von ihren Töchtern erwarten sie, daß sie heiraten und Kinder bekommen. Chantal fragt einen Priester um Rat. Er verweist sie auf die Kleinen Schwestern vom Herzen Jesu. Sie geht zu deren Fraternität in Paris. Nach diesem Besuch entschließt sie sich, ein neues Leben anzufangen. Sie erledigt in Paris, was zu erledigen ist, und macht dann in Montpellier das Noviziat. Danach geht sie nach Algerien, das nach einer blutigen Auseinandersetzung mit dem französischen Mutterland inzwischen ein selbständiger Staat geworden ist. Die algerischen Behörden machen den Ausländern, wie es Behördenart ist, den einen oder anderen Ärger, aber unter den kleinen Leuten sind Chantal und ihre Mitschwestern gern gesehen, denn sie kommen nicht anmaßend oder gleichgültig daher wie die Kolonialherren. Danach studiert Schwester Chantal zwei Jahre Theologie, und zwar in Lyon. Von dort geht sie nach Chorweiler.

Anfang Januar 1988 haben Schwester Shirley und Chantal Besuch aus Paris. Die Priorin des Ordens wohnt ein paar Tage mit ihnen zusammen. Man spricht miteinander, tauscht Erfahrungen aus und betet zusammen.

Woran erinnert sich Schwester Chantal besonders gern? Sie geht in der algerischen Wüste mit einer Schwester den 80 km langen Weg von einem kleinen Ort nach Tamanrasset. Dazu braucht man zwei Tage. Sie müssen in der Wüste übernachten. Es ist Sommer und brütend heiß. Sie haben fürchterlichen Durst. Chantals Mitschwester weiß, wo eine Wasserstelle ist, aber sie finden sie nicht. Sie sind total erschöpft. Im Augenblick der größten Not taucht eine

Hirtin mit Ziegen auf. Die Tiere geben wenig Milch. Die Hirtin gibt den beiden Schwestern dennoch von dem wenigen zu trinken, dann zeigt sie ihnen die Wasserstelle. Danach setzen sie ihren Weg durch die Wüste fort.

Kleine Schwester Ciliane von Jesus

Schwester Ciliane lebt in der Fraternität in Biel (französisch: Bienne) am Bieler See. Hier wurden und werden hauptsächlich Uhren hergestellt. Die ausländische Konkurrenz und die schnelle Entwicklung der Uhrentechnik macht sich inzwischen bedrohlich bemerkbar. Es gibt viele Ausländer hier. Alle brauchen Arbeit und menschenwürdige Unterkünfte. Biel ist eine schöne Stadt, und Biel ist lebendig. Rousseau fand hier Unterschlupf, Pestalozzi hat hier zeitweise gelebt, Goethe war von der geistig regen Stadt beeindruckt, C. F. Meyer erwähnt sie in seiner Erzählung „Das Amulett". Man hat den Spiegel des Bieler Sees gesenkt und so Raum für neue Wohngebiete gewonnen. Biel ist kein „Ruhekissen". Genau aus diesem Grund haben sich Schwester Ciliane und ihre Mitschwestern Am Quai niedergelassen. Sie beschreibt ihren Weg in die Gemeinschaft der Kleinen Schwestern Jesu und ihr Selbstverständnis so:
Nach einer frohen, unbeschwerten, religiös geprägten Kindheit wuchs in mir immer mehr der Wunsch, Gott mein ganzes Leben lang zu haben. Auf der Suche nach dem Wie begegnete ich den Kleinen Schwestern Jesu, und die Umschreibung ihres Lebensinhalts und Lebensziels packte mich: ein Leben mit der Vertrautheit in Gott mitten unter den Menschen, ein gewöhnliches Leben wie Jesus in Nazaret.
Auf dem (nun bald zehnjährigen) Weg in die Gemeinschaft begegnete ich und begegne ich immer noch vielen Menschen, die von Leid gezeichnet sind, sei es in der Schweiz solchen, die an schmerzhaften Familiengeschichten oder entmenschlichenden Arbeitsbedingungen leiden, oder solchen, die Asyl und Heimat suchen, sei es in Haiti: Bau-

ernfamilien, die alles entbehren. Sie alle zeigen mir – und ich bin ihnen zutiefst dankbar dafür – Gott anders: einen Gott, der mir gerade in diesen Menschen begegnen will; einen Gott, der mich in allen Dimensionen meines Lebens – am Arbeitsplatz mit meinen Kolleginnen am Fließband, im Umgang mit meinen Mitschwestern, mit der Natur, mit mir selbst – um mehr Güte, Liebe, Gerechtigkeit bittet und dies auch ermöglicht.

So heißt „Gott loben" für mich je länger, je mehr: dafür zu leben, daß wir alle und gemeinsam wirklich Mensch werden, weil *Er* selbst in Jesus von Nazaret Mensch geworden ist und noch heute in meinem und unserem Alltag daheim sein möchte.

Lebensdaten

15. 9. 1858	In Straßburg geboren
1864	Tod der Eltern
1871	Gymnasium in Nancy
Oktober 1876	Eintritt in die Militärschule Saint-Cyr
1879 – November 1880	Als Soldat in den Garnisonen Sézanne und Pont-à-Mousson
Dezember 1880	Als Soldat nach Algerien
Januar 1882	Austritt aus der Armee
25. 6. 1883 – 23. 5. 1884	Forschungsreise in Marokko
April 1885	Goldmedaille der Französischen Geographischen Gesellschaft
Oktober 1886	Beichte bei Abbé Huvelin und anschließende Kommunion
November 1888 – Februar 1889	Reise nach Palästina
16. 1. 1890	Eintritt in das Trappistenkloster Notre Dame des Neiges
Juni 1890	Abreise nach Syrien, Eintritt in das dortige Trappistenkloster von Akbès
September 1896	Abreise nach Rom zum Theologiestudium
10. 3. 1897	Hausknecht bei den Klarissen in Nazaret, vorübergehend Hausknecht bei den Klarissen in Jerusalem
März 1899	Wieder in Nazaret. Absicht, sich auf dem Berg der Seligpreisungen als Einsiedler-Priester niederzulassen
16. 8. 1900	In Frankreich. Entschluß, Priester zu werden
9. 6. 1901	Priesterweihe in Viviers

28.10.1901	Ankunft in der Wüstengarnison Beni-Abbès an der Grenze zu Marokko
August 1905	Bei den Tuareg in Tamanrasset. Erarbeitung eines Wörterbuchs Tuareg-Französisch / Französisch-Tuareg
25.12.1908–28.3.1909	In Frankreich
11.6.1909–2.1.1911	In Tamanrasset (Tuareg)
Juli 1910	Tod von Abbé Huvelin
2.1.1911–3.5.1911	In Frankreich
7.7.1911	Erste Messe in der Einsiedelei von Asekrem
15.12.1911	Rückkehr nach Tamanrasset
27.4.–27.9.1913	In Frankreich
22.11.1913	Rückkehr nach Tamanrasset
Januar 1916	Überfälle durch kriegerische Eingeborene in der Sahara
1.12.1916	Ermordung in Tamanrasset

Literaturhinweise

Aus dem umfangreichen Schrifttum von und über Charles de Foucauld kann hier nur einiges genannt werden.

Schriften, Aufzeichnungen und Briefe von Charles de Foucauld:

Aufzeichnungen und Briefe. Zusammengestellt von Six, J.-F. (Übers. v. Kanitz, Y. Gräfin von), Freiburg, Basel/ Wien 1962

Die Schriften von Charles de Foucauld. Zusammengestellt von Barrat, D. (übers. von Klein, E.), Einsiedeln/Zürich/ Köln 1961

Briefe an Madame de Bondy. Von La Trappe nach Taman-rasset (Titel der frz. Originalausgabe: Lettres à Madame de Bondy, Paris 1966; übers. v. Shaad, H. P. M.), Regensburg 1969 (gebunden); München/Zürich/Wien 1976 (broschiert)

Frische, R. E., Wasser aus der Wüste. Impulse für eine neue Spiritualität des Dienstes. Worte aus dem Leben von Charles de Foucauld. Nach Themen zusammengestellt und eingeleitet, Gießen 1983

Biographien:

Carrouges, M., Charles de Foucauld. Forscher und Beter (Titel der frz. Originalausgabe: Charles de Foucauld, explorateur mystique, Paris 1954; übers. v. Kanitz, Y. Gräfin von), Freiburg 1958[3]

du Perron, M. C., Charles de Foucauld, Paris 1982

Charles de Foucauld. (Eine Bildbiographie). Mit einem Essay von Six, J.-F., zahlreichen Schwarzweißbildern und 16 Farbtafeln von Loose, H. N. (Übers. von Winterhalter, C.), Freiburg / Basel / Wien 1981

Klein, K., Tanz ins Abenteuer der Wüste. Das Leben des Charles de Foucauld (Titel der frz. Originalausgabe: Deux danseurs sur la piste, Paris 1980, mit einem Vorwort von Carretto, C.; übers. v. Horn, L.), Leipzig, Freiburg / Basel / Wien 1980

Six, J.-F., Bruder aller Menschen. (Titel der frz. Originalausgabe: La Vie de Charles de Foucauld, Paris 1962; übers. v. Jahn, G. und Rintelen, J., Freiburg / Basel / Wien 1981[3]

Six, J.-F., Charles de Foucauld – der geistliche Werdegang (Titel der frz. Originalausgabe: Itinéraire spirituel de Charles de Foucauld. Préface du Voillaume, R. P., Paris 1958; übers. v. Rintelen, J., und Bader, W.), München / Zürich / Wien 1978

Zeitschrift:

Mitten in der Welt. Vierteljahreshefte zum christlichen Leben. Deutsche Ausgabe der Hefte JESUS CARITAS. Hg. im Auftrag der Bruderschaften Charles de Foucaulds von Hüssler, G. und Rintelen, J., Freiburg / Lochham 1965 ff (darin auch die Anschriften der Bruderschaften)

Lebensbilder ungewöhnlicher Frauen

Johann Hoffmann-Herreros
Teresa von Avila
Ihr Leben zwischen Mystik und Ordensreform
Topos Taschenbuch 162
112 Seiten. Kartoniert

Kaum sieben Jahre alt, reißt sie von zu Hause aus, liest leidenschaftlich gerne Abenteuerromane und möchte die Welt erobern; mit 68 Jahren ist sie eine von Schmerzen geplagte Nonne, Reformatorin und Klostergründerin: Teresa von Avila. Wie mutige Entscheidungen, Tage voller Freude, aber auch Enttäuschungen und Widerstand aus dem kleinen Mädchen die große Kirchenlehrerin und Patronin von Spanien machten, schildert der Autor spannend und einfühlsam. *Frau im Leben*

Johann Hoffmann-Herreros
Ich lasse mich nicht einsperren
Das ungewöhnliche Leben der Margery Kempe
Topos Taschenbuch 173
124 Seiten. Kartoniert

Diese erste Autobiographie in Europa schildert das abenteuerliche Leben einer Frau im ausgehenden Mittelalter. Margery Kempe war eine schillernde Persönlichkeit, die sich keineswegs in die zeitgemäße Rolle der Frau fügte. Sie war Unternehmerin und Mystikerin, Mutter von 14 Kindern und Weltreisende. Ihr Leben war von der Suche nach Wahrheit bestimmt; auf ihrem Weg entwickelte sie sich von der verwöhnten, eitlen Bürgermeisterstochter zu einer tiefgläubigen und couragierten Frau, die sogar Auseinandersetzungen mit den Mächtigen ihrer Zeit nicht scheute.

Matthias-Grünewald-Verlag · Mainz

Topos Taschenbücher – eine Auswahl

Matthias-Grünewald-Verlag · Mainz